CUANDO TE CONOCÍ ME CONOCÍ

CUANDO TE CONOCÍ ME CONOCÍ

TODOS SOMOS UNO

SOL JIMÉNEZ ROZO

Título: *Cuando te conocí me conocí*
© 2018, Sol Jiménez

Autoedición y Diseño: 2018, Sol Jiménez
Primera edición: diciembre de 2018
ISBN-13: 978-84-17781-20-0

ÍNDICE

AGRADECIMIENTOS

Agradezco siempre primero a DIOS, porque Él me da la inspiración y el amor para escribir mis libros.

A mi madre Noemi Rozo, a mi Padre José Jiménez, a mis hermanos y familia.

A mis hijos Santiago y Daniel Felipe, que son mi mayor bendición, mi alegría y mi gran amor y a mi sobrinita Nicole. Y todos mis sobrinos en general.

A mi pareja Florencio Reyes, a quien le agradezco profundamente por haberme apoyado en todo y a mis amigos, que siempre han estado.

A todos mis compañeros de mi mentoría, A Lain García Calvo mi mentor y a sus padres, ya que son un ejemplo de unión y apoyo, Teresa calvo y Luis García Padres de mi mentor.

A ti, amado lector, siempre millones de gracias por leer mis libros y permitirme llegar hasta tu corazón.

GRACIAS, GRACIAS, GRACIAS.

INTRODUCCIÓN

«El encuentro de dos personas es como el
contacto de dos sustancias químicas, si hay alguna
reacción ambas se transforman».

SOL JIMÉNEZ

«Cuida el exterior tanto como el interior; porque
todo es uno».

BUDA

En muchas ocasiones me preguntaba cómo haría para ser tolerante y poder controlarme cuando algo no me gustaba o cuando no tenía el control de algo, cómo podía mantener la calma.

Siempre me causaban admiración las personas que difícilmente se metían en problemas o que manejaban mucho la prudencia.

Mi pregunta era… ¿cómo lo hacían?

Toda mi vida fui una persona muy impulsiva y no controlaba mis emociones, tampoco pensaba antes de hablar.

A mucha gente le caía bien, pero muchos me apartaban por mi forma de ser. No estaba a gusto con muchas maneras mías de actuar.

Lo más extraño era que siempre atraía el mismo tipo de relaciones a mi vida y las mismas personas conflictivas, impulsivas y en medio de todo inseguras.

Aunque yo siempre me consideré una persona con mucha capacidad de amar no sabía entonces por qué no podía llevar una relación con las personas por mucho tiempo en paz y tranquila.

Siempre me gustó mucho leer e investigar sobre los comportamientos del ser humano y el desarrollo personal, cómo funcionan la mente, el alma y el cuerpo y por qué ciertas conductas de nosotros que, aunque no sean voluntarias, siempre terminan manifestándose en nuestra vida.

Cuál era la diferencia entre las personas tranquilas y prudentes a las personas que fácilmente perdíamos el control ante una mínima situación.

Empecé a leer mucho sobre comportamientos humanos, fisiología, psicología y conductas de todo tipo de persona y sus diferentes comportamientos.

Una vez fui comprendiendo que todos los seres humanos estamos dirigidos por nuestras creencias y que a partir de ahí creamos también patrones que son los que se encargan prácticamente de crear nuestra personalidad.

Las creencias sobreviven de manera energética y se necesitan atraer similitudes para mantenerse vivas, así que es por eso que siempre de forma vibracional atraemos personas similares a nosotros o repetimos continuamente patrones o situaciones que no sabemos cómo o por qué una y otra vez caemos en lo mismo.

Pero la buena noticia, amado lector, es que todo esto tiene solución y yo te voy a ayudar mucho a entender por qué nos sucede todo esto y cómo se forman las creencias en nuestras vidas.

Hablaremos de muchas y las vamos a identificar para poder entender un poco nuestro carácter, nuestros hábitos, nuestros comportamientos, nuestros resultados y pensamientos.

Es tan importante aprender todo esto ya que es hermoso conocerte a ti mismo y descubrir quién eres, hacia dónde vas y cuál es tu propósito en esta vida.

A medida que vas comprendiendo todos estos temas, podrás ir conociéndote y entonces empezarás a sentir más paz contigo mismo, más autocontrol, mejores pensamientos, mejores decisiones y mejores resultados en tu vida.

CUANDO TE CONOCÍ ME CONOCÍ es un libro que te explicará por qué odiamos algunas cosas en otras personas y también por qué encontramos ídolos que amamos, imitamos y soñamos ser alguien parecido o también a personas que admiramos demasiado y otras que no resistimos la presencia ni un solo instante cerca de nosotros.

¿No te parece interesante descubrirte, conocerte y liberarte de muchas ataduras que no te dejan avanzar o ser mejor persona?

Te felicito por tener este libro en tus manos.

Llevo 5 años estudiando y conociendo cómo funciona el ser humano y por qué todos somos diferentes pero atraemos situaciones y personas similares a nuestras vidas.

Comencé por leer libros de crecimiento y desarrollo personal, poco a poco fui entrando al mundo espiritual y empecé a practicar la meditación y las afirmaciones positivas diarias

En este camino de crecimiento espiritual aprendí a conocer más a las personas y a amarlas tal como son, y dejé de juzgarlas ya que todos somos extensión del universo y todos somos uno.

Te voy a explicar de dónde venimos y por qué todos somos uno.

Todos, absolutamente todos, venimos del Espíritu de Dios, y somos parte de Él. Por eso somos sus hijos, como el hijo que sale del vientre de la madre, así mismo nosotros venimos del Espíritu de Dios, así que todos somos extensión de Él y por ende todos somos Uno.

En los capítulos de este libro vas a encontrar muchas respuestas sobre por qué nos ofenden algunas cosas de las personas y por qué estamos rodeados de lo mismo siempre y aun así criticamos y nos sentimos inconformes con la gente que nos rodea.

Recuerda que nosotros nacimos libres y con un molde de creencias limpio y que en nuestro subconsciente no existían los miedos ni las limitaciones, hasta después de los 5 años que crecimos, dejamos de soñar y de vivir y entramos al juego de la vida. Quedamos dormidos a partir de ahí.

Somos controlados por la sociedad, vestimos como

todos se visten, hablamos como todos hablan, y copiamos todo lo que vemos en el exterior.

Ahí perdemos nuestra esencia y nos volvemos copia, dejamos de ser nosotros por vivir en moldes ajenos y no brillamos en nuestra propia Estrella.

Pero a medida que tú vayas leyendo este libro, vas a ir despertando de ese sueño en el que te encuentras hasta ahora. Tendrás UN DESPERTAR DE CONSCIENCIA y volverás a recuperarte y liberarte de todo lo que te tenía atrapado en todos estos años.

Recuerda que somos 10% conscientes y el 90 % nos dirige nuestro subconsciente.

Te vas a conocer mucho y vas a entender muchas cosas que hasta ahora ignorabas, y caías siempre en el mismo error de manera inconsciente, pero yo te ayudaré a tomar consciencia y a conocer todas esas creencias limitantes que se crearon e hicieron paradigma y luego empezaron a controlar tu vida.

Gracias por acompañarme en este maravilloso camino de crecimiento y desarrollo espiritual.

¿Vamos entonces a descubrir todo ese misterio que se encierra dentro de nosotros que no nos deja actuar de manera consciente y en el cual vivimos atrapados?

¿Estás listo para liberarte?

Si respondiste que sí, te felicito, hoy empieza tu crecimiento y el camino a tu transformación.

Te amo y estoy orgullosa de ti.

TÚ Y YO SOMOS UNO

*C*uando yo digo que todos somos es uno es porque no estamos separados, todos somos uno hablando a través de una variedad de cuerpos.

Todos somos uno impregnando la consciencia de todos al mismo tiempo.

Los seres humanos por medio de nuestro ego, a lo largo de la vida, nos hemos sentido separados, creemos que existe un afuera y un adentro, un arriba y un abajo, cosas malas y cosas buenas. Cuando en realidad todo es exactamente lo mismo; A cada instante nos estamos encontrando con una parte de nosotros.

Si afuera te encuentras con personas que te maltratan, ellos te están reflejando el maltrato que tú te das a ti mismo, si afuera hay desamor en tu vida es el mismo desamor que hay en tu interior, si afuera hay gente que falta al respeto, es porque te está mostrando esa misma manera en la que tú te faltas al respeto.

En este universo no hay ningún error, todo acontecimiento es perfecto, cada instante es una demostración de algo que tenemos que abrazar con amor para así poderlo transcender. Si hacemos esto nos convertimos en la mejor versión de nosotros mismos.

Ese es el objetivo de cada experiencia que aparentemente consideramos negativa. Esa experiencia no está pasando porque seamos malos, porque Dios no nos ame o porque tengamos mala suerte; simplemente es la vida mostrándonos una herida que teníamos en nuestro interior de la cual no éramos conscientes. Por ello esa experiencia en lugar de ser lo peor que nos puede estar pasando en la vida, en realidad nos está ayudando a impulsarnos a un lugar superior a ese lugar de paz y tranquilidad porque por fin y gracias a lo que estamos viviendo hemos decidido ver nuestras heridas para sanarlas.

Nosotros lo que menos queremos es ver en nuestro interior, es por eso que siempre nos ponemos máscaras, estamos siempre de fiesta en fiesta, de relación tras relación, una adicción a otra, porque tenemos un pánico enorme a estar con nosotros mismos, porque hay mucho dolor dentro, dolor que hemos decidido anestesiar por medios de escapes de felicidad que nos brindan ciertos acontecimientos.

Pero déjame decirte que el dolor jamás se irá de tu vida si no decides sanarte, si no decides transcender todos los aprendizajes que hay en tu vida en este momento.

Es por eso que todos somos uno.

A cada instante te estás encontrando con una parte de ti, todo aquello que hagan los demás y que te moleste es porque tú de alguna manera también lo haces, pero no eres consciente de ello al igual que todo lo que amas de los demás es tu simple proyección de tu propia luz.

Así que desde ahora ya no nos miremos como separados, porque en realidad no es así, siempre te vas a encontrar contigo mismo. Si quieres un mundo de amor y de tranquilidad, primero cultiva ese amor y tranquilidad en tu interior.

Pero si quieres tener un mundo lleno de desamor y de guerra sigue manteniendo ese desamor y esa guerra que tienes hacia ti mismo.

Recuerda que tienes el poder de cambiar tu vida, simplemente enfrentándote a tus heridas, tienes que llegar a un punto donde debes amarte lo suficiente como para acceder a ser compasivo contigo, tan compasivo como para tomar la firme decisión de ya no seguirte lamentando con tu vida de tomar las riendas de tu camino y decidir ya no culpar a lo de afuera, sino tomar responsabilidad de cada cosa que has vivido hasta ahora, porque recuerda que han sido proyecciones inconscientemente tuyas.

En el momento en que tomes responsabilidad, podrás crearte la realidad que siempre has deseado porque ya no volverás a ver enemigos, sino que verás ángeles en forma de personas que te estarán mostrando las heridas que tienes dentro y que debes sanar. Ya no te quejarás por lo que vivas, sino que agradecerás por todas las experiencias, porque reconocerás que están en tu vida para convertirte en la mejor versión de ti.

Así que reconoce que tú eres los otros y que los otros son tú. Recuerda que en este mundo no hay ningún error, lo que sea que estés viviendo en este momento tiene algo que enseñarte.

¿QUIÉNES SON TUS MAESTROS?

Todos los seres humanos se esfuerzan tanto por encontrar un maestro que les enseñe el camino, que les ayude a modificar su vida, para ello hacen cosas como irse al otro lado del mundo a tomar un retiro ultraespiritual, invierten miles de dólares en cursos, libros, talleres, sesiones de sanación con los ultravioleta y muchas más cosas que son innecesarias. Este tipo de recursos que toman para encontrar un maestro que les enseñe a ser la mejor versión de ellos mismos. Todo eso es Bueno, pero existe una manera más fácil y correcta de hacerlo, la vida jamás nos pondrá nuestros maestros a miles de kilómetros de distancia, en un lugar Escondido. La vida nos ama tanto que nos pone a nuestros maestros a nuestro alrededor.

Así que ya no busque más respuestas en lugares donde no lo has encontrado y no la encontrarás. Los mejores maestros son los que tienes a tu alrededor, tus mejores maestros son tus exparejas que te han costado tanto llanto y dolor.

Es tu familia que te reprocha todo lo que haces, son tus amigos que siempre te exigen que seas de determinada manera, es tu jefe que no te respeta, son tus compañeros que se burlan de ti.

La vida es un maravilloso espejo y nos pone todas las enseñanzas que tenemos que aprender a nuestro lado, lo único que ocupamos es un corazón dispuesto a transcender aquellos aprendizajes que subyacen en cada una de las relaciones que tenemos.

Piensa ahora mismo, ¿qué es lo que más te molesta en este momento?

¿Por qué situación estás pasando que ya no puedes más?

Por ejemplo, si estás viviendo una situación difícil con tu pareja que te ha engañado, recuerda que todos somos uno y lo que aparenta ser lo externo siempre es tu propio reflejo.

Si tu pareja te ha engañado es porque te está mostrando que tú mismo o tú misma se estaba engañando al estar en esa relación donde no eras plenamente feliz, pero te conformabas porque tienes un miedo terrible a estar en soledad, porque desde pequeño no se te enseñó a amarte.

Tal vez estés pasando por una situación donde tus amigos, compañeros o familia no te aceptan tal y como eres; siempre te quieren cambiar y controlar, te juzgan, pero no es que ellos sean malos ni que tú lo seas, simplemente tú has solicitado que esa situación se manifieste en tu vida para poder evolucionar y convertirte en la mejor versión de ti mismo.

Así que estas personas están en tu experiencia para mostrarte el mismo comportamiento nocivo que tienes contigo mismo, para mostrarte lo poco que te aceptas tal y como eres y lo mucho que te juzgas.

Entonces esta persona y situaciones se convierten en tus mejores maestros porque te han venido a mostrar todas las heridas que tenías en tu interior y no habías querido ver. Tal vez de pequeño siempre te decían que no valías nada, tal vez tu familia te inculcó ese pensamiento o es algo de tú te dices a menudo y esa situación te está permitiendo sanar tu interior para que evoluciones.

No tienes que luchar ni esforzarte, simplemente permítete sentir todas las emociones que has albergado por tanto tiempo, no luches en vano porque esto no se trata de luchar sino de fluir y de aprender.

Por eso quiero que entiendas esta parte y hacerte parte de que **todos somos uno,** no importa sus creencias, ni sus costumbres toda la humanidad es tu hermana. Todos hemos venido a aprender algo en este mundo y todos tenemos derecho a la vida, somos todos parte de esta realidad.

El mundo es el lugar donde escogimos para vivir, nuestra tarea aquí es aprender a amarnos, aceptar nuestras diferencias, ayudar a nuestro prójimo, respetar la vida, conocer la armonía infinita del universo que se manifiesta a través de todas las cosas, aprender a sentir, a percibir. Nadie dijo que la vida fuera fácil, pero nosotros aprendemos de ella, uno recoge lo que siembra y tarde o temprano nos hacemos conscientes de eso.

Este mundo es un lugar de ecos, y todos escuchan el nuestro, hoy ayudas a tu hermano y mañana alguien te dará ayuda cuando la necesites.

Tu amor lo medirás por el que le tengas a otro ser.

Si no dejamos a un lado el egoísmo que proviene del ego y muchas veces también nuestra vanidad, así no podemos amar ya que el ego siempre nos pone trabas para no dejarnos amar, no nos permite sentir aquello que es innato y real dentro de nosotros. La vida es muchas veces lo que nosotros hacemos de ella y hay que aprenderla a ver con los ojos del alma, porque solo así todo tendrá sentido y nosotros aprendemos de ello.

«AMA A TU HERMANO ASÍ COMO TE AMAS A TI MISMO, PERDONA ASÍ COMO TE PERDONAS A TI MISMO».

JESÚS

Buda decía que somos el resultado de nuestros pensamientos.

Gandhi afirmaba que una persona no es más que el producto de lo que uno piensa.

Cada vez más filósofos intelectuales y maestros espirituales hacen énfasis en nuestra capacidad de crear con nuestro pensamiento.

Hasta que el inconsciente no se haga consciente, el subconsciente seguirá dirigiendo tu vida y tú le llamarás destino.

Si asumimos que un 10% es el consciente y el otro 90% es el inconsciente, estamos creando de forma inconsciente. Es como un barco que navega a la deriva sin capitán, por eso no debes gastar tu energía en controlar y seleccionar tus pensamientos, porque tu subconsciente seguirá dominando nuestra vida, es decir, que no tienes idea de quién eres. Cuando te abandonas al fluir de la vida, estás entrando paulatinamente en procesos expansivos de ampliación de la consciencia, la vida nos está llevando continuamente a ver quiénes somos, la vida nos provee una herramienta muy fuerte para nuestro autoconocimiento y es el espejo de las relaciones humanas, todas las personas con las que nos relacionamos y que aparecen en nuestra vida son una parte de nosotros, y nos están haciendo de espejo de quienes somos. Ningún encuentro es casual, la vida siempre te está enseñando lo que hay dentro de ti aunque a veces no sea agradable, la vida siempre te está mostrando tus creencias inconscientes acerca de ti mismo, así que si inconscientemente no te valoras se manifestará fuera en tu vida.

Múltiples personajes que no te valoran pero por el contrario, si tú te valoras y reconoces que vales por el simple hecho de ser, la vida te mostrará espejos que te demuestren tu belleza interior aunque la vida también se encargará de mostrarte esos miedos profundos, traumas y heridas emocionales.

Todo lo que ocurre fuera es una manifestación de tu inconsciente y todo está relacionado contigo, por eso no tiene sentido apartarse de algunas personas u otras, porque al tratarse de tus manifestaciones inconscientes, te volverás a encontrar con la misma situación en otro formato, en otro escenario, porque esa situación está en tu interior, estas son las reglas de la vida, no puedes huir de ti mismo si tú no te amas el mundo te devuelve rechazo y da igual la persona o el escenario, la vida en su infinito acto de amor te está poniendo delante de tu miedo al rechazo para que puedas abrazar esa parte de ti, abrazarla con ternura y transcender.

Cuando yo era pequeña a mis 3 años mi padre nos abandonó, e inconscientemente crecí creyendo que no merecía ser amada por los hombres, que no merecía ser respetada, porque un hombre cuando yo era pequeña no supo amarme, y en la medida que iba creciendo me puse la máscara de seductora para buscar la aprobación masculina, para que todas las personas me demostraran ese amor que de niña no se me dio.

Después la vida tan amorosamente manifestó hombres que me rechazaban y que me demostraban ese desprecio que yo sentía hacia mí misma.

El universo en su infinita sabiduría me estaba empujando a amarme, a valorarme, aunque en ese momento lo viera como que Dios no me estaba queriendo, me sentía desamparada, pero había un regalo enorme en esas relaciones destructivas, porque me estaban siendo espejo de todo el desamor que tenía dentro de mí. Al momento de ser consciente toda mi falta de cariño y toda la falta de merecimiento que tenía, esa experiencias se desvanecieron, aprendí a perdonarlas, pero no tenía que perdonar a los otros porque ellos eran un reflejo de mí, estaba perdonando esa parte que se había amado porque reconozco que desde la inocencia me creía un ser no merecedor de amor. Al verme con ojos de ternura sané ese abandono paterno, perdoné a mi padre, perdoné a mis relaciones y me perdoné sobre todo a mí misma.

Fue muy liberador y en el momento en que nosotros nos damos cuenta qué personaje subyace en cada una de nuestra vida, le ponemos luz, y nos duele pero lo sanamos y nos liberamos de eso, pero cuando no queremos ver lo que la vida nos está manifestando, lo que la vida nos está reflejando, vamos a estar condenados a repetir la misma historia.

Por eso es que la vida es un espejo, nos demuestra todo lo que tenemos que sanar, y mientras más rápido y más abiertos estemos a aprender de la vida, menos sufriremos porque ya seremos conscientes de ese dolor y tal vez nos pueda costar un poco, pero cada vez veremos que la vida nos ama cada instante, siempre nos ha amado y siempre nos amará.

A partir de ahora tú ya no vas a ver a nadie más como un enemigo sino como una parte de ti, como un reflejo de lo que tú eres. Eso es lo mágico de que la vida sea un espejo, que te devuelve tu propio reflejo, es muy gratificante porque ya no vas a ver cada situación como problema sino como una oportunidad de ser la mejor versión de nosotros mismos.

Que afuera hay un engaño es porque nosotros nos estamos engañando, si afuera hay una traición es porque nosotros nos estamos traicionando, si afuera hay un maltrato es porque nosotros nos estamos maltratando.

La vida en realidad es muy sencilla siempre nos está llevando a sanar y cuando lo aceptemos y lo agradezcamos con amor nos convertimos en personas libres, vulnerables y listas para vivir una vida plena.

DESPIERTA.

Despertarse es la espiritualidad, porque solo despiertos podemos entrar en la verdad y descubrir qué lazos son los que nos impiden la libertad. A esto se le llama **ILUMINACIÓN,** es como la salida del sol sobre la noche, de la luz sobre la oscuridad, es la alegría que se descubre a sí mismo, desnuda de toda forma, el místico es el hombre iluminado, el que todo lo ve con claridad porque está despierto. No es necesario que me creas todo, solo quiero que cuestiones cada palabra y analices cada significado pero hazlo con sinceridad, no te autoengañes por comodidad o por miedos. Aquí lo importante es el evangelio, no quien lo predica ni sus formas, eres tú el que tienes que interpretar el mensaje personal que encierra para ti en el ahora, que no te importe lo que la religión o la sociedad te dicte.

Despertar es la espiritualidad porque solo despiertos podemos entrar en la libertad y la verdad.

¿Cómo saber si siguen aún dormidos?

"Jesús nos dijo claramente en el evangelio, por qué decís SEÑOR si no hacéis lo que os digo."

No hacemos lo que Dios quiere y nos dedicamos a fabricarnos un dios tapa agujeros y es que estamos dormidos, pero lo que importa es responder a Dios con el corazón. No importa ser ateo, musulmán o católico, lo importante es que sigas a Dios o el Universo con tu corazón.

El estar despierto es cambiar tu corazón de piedra por uno que no se encierre a la verdad. Si tu pasado te está doliendo es que estás dormido, lo importante es levantarse para no volver a caer, la solución está en tu capacidad de comprensión, está en tu capacidad de ver lo que hay detrás de las cosas, cuando se te abran los ojos verás como todo cambia y el pasado está muerto y el que se duerme en el pasado está muerto también, porque solo el presente es vivo. Es vivenciar el presente.

Contéstate algo en este momento: ¿estás sintiendo dolor en este momento?

¿Estás sufriendo? Si la respuesta ha sido sí es porque estás dormido, es igual que sepas muchas cosas y te dediques a salvar a personas, el ciego que guía a otro ciego quiere decir que los dos están dormidos, tú me puedes decir que el dolor sí existe, ¡¡sí!! Es verdad que el dolor existe, pero no el sufrimiento.

El sufrimiento no es real, no existe, es un producto de tu sueño y si estás dormido estás viendo a un Jesús dormido que nada tiene que ver con el Jesús real, recuerda que todo es según con el color del cristal que se mire.

Si estás dormido no serás capaz de ver más cosas que solo las que están dormidas, hasta que despiertes, pasará la vida por ti sin que tú la sientas.

Si tienes problemas es que estás dormido, la vida no es problemática, es el "yo" el que crea los problemas, quiero que seas capaz de entender que el sufrimiento no está en realidad sino en ti.

Por eso en todas la religiones se ha predicado que hay que morir al "yo" para volver a nacer. Este es el verdadero bautismo que hace surgir al hombre nuevo. La realidad no hace problemas, los problemas yacen de la mente cuando estás dormido. Tú pones tus propios problemas, estar despierto es aceptarlo todo, no como ley, no como sacrificio, ni siquiera como esfuerzo, sino por iluminación.

Contéstate otra pregunta en este instante.

¿En estos días te has sentido una persona con preocupaciones y no un hombre feliz y libre?

Esto quiere decir que estás dormido, pero entonces ¿qué ocurre cuando estás despierto?

La respuesta es que no ocurre nada, todo ocurre igual pero tú eres el que ha cambiado para entrar en la realidad, entonces lo ves todo claro.

Una vez a un maestro oriental le preguntaron sus discípulos, ¿qué te ha proporcionado la iluminación? A lo que Él contesto:

Primero tenía depresión y ahora sigo con la misma depresión, pero la diferencia está en que ahora no me molesta la depresión. Estar despierto es aceptarlo todo, no como sacrificio ni como esfuerzo, sino por iluminación.

Aceptarlo todo porque lo ves claro y ya nadie te puede engañar es despertar a la luz, el dolor existe y el sufrimiento solo surge cuando te resistes al dolor. Si tú aceptas al dolor, el sufrimiento no existe, el dolor no es inaguantable porque tiene un sentido comprensible en donde se remansa, lo inaguantable es tener el cuerpo aquí y la mente en el pasado o en el futuro.

Lo insoportable es querer distorsionar la realidad que es inamovible. Es una lucha inútil como es inútil su resultado que es el sufrimiento.

No se puede luchar por lo que no existe, no hay que buscar la felicidad en donde no está ni tomar la vida por lo que no es vida, porque entonces estaremos creando un sufrimiento que solo es el resultado de nuestra ceguez y con él el desasosiego, la congoja, el miedo y la inseguridad.

Nada de esto existe si tienes tu mente dormida. Cuando despiertas todo eso acaba, se convierte en solo una ilusión.

El ir contra la realidad haciendo problemas contra las cosas es creer que tú importas y lo cierto es que tú como personaje individual no importas nada, ni tú ni tus decisiones ni acciones. Importan en el desarrollo de la vida, es la vida la que importa y ella sigue su curso. Solo cuando comprendes esto y te acoplas a la unidad, tu vida cobra sentido.

¿Importaron todas las transgresiones y desobediencias para la historia de la salvación?

¿Importa si le quitas la vida a alguien?

¿Importa el que asesinaran a Jesucristo?

Los que lo hicieron, creían estar haciendo un acto bueno de justicia y lo hicieron después de mucho discernimiento.

Jesús era portador de la luz y por eso predicaba las cosas más raras y contrarias al judaísmo, sus creencias e interpretaciones religiosas, hablaba con las mujeres, comía con los ladrones y prostitutas. Pero además interpretaba la ley en profundidad saltándose las reglas y sus formas.

Los sabios y los poderosos tenían que eliminarlo.

¿Podía haber sido de otra manera? ¿En realidad era necesario que muriera así?

¿Asesinado?

Cuentan que un rey godo se emocionó al oír el relato de Jesús y dijo: de estar yo ahí no lo hubiera matado. ¿Pero lo creemos así?

¿Cómo es el rey Godo?

En realidad todos estamos dormidos. La muerte de Jesús descubre la realidad en una sociedad que está dormida y por ello su muerte es la luz, es el grito para los que despertamos.

Pero entonces ¿qué hace falta para despertar?

La verdad es que no hace falta esfuerzo, ni juventud, ni descubrir mucho, solo hace falta descubrir una cosa y es la capacidad de pensar algo nuevo, de ver algo nuevo y descubrir lo desconocido, es la capacidad que tenemos de movernos fuera de los esquemas que tenemos. Ser capaz de saltar sobre los esquemas y mirar con ojos nuevos la realidad que no cambia.

El que piensa como budista no piensa, el que piensa como el musulmán no piensa, el que piensa como católico no piensa. Todos ellos son pensados por su ideología. Tú eres un esclavo en tanto y en cuanto no puedes pasar por encima de tu ideología; vives dormido y pensando por una idea.

El profeta no se deja llevar por ninguna ideología y por ello es tan mal recibido. El profeta es el pionero, el que se atreve a elevarse por encima de sus esquemas, abriendo camino.

Tememos el riesgo de volar por nosotros mismos, tenemos miedo a la libertad, a la soledad y preferimos ser esclavos de unos esquemas, nos atamos voluntariamente y vamos con pesadas cadenas y luego nos quejamos de no ser libres.

Entonces ¿quién te tiene que liberar si ni tú mismo eres consciente de tus propias cadenas?

Las mujeres se atan a sus maridos, a sus hijos, los maridos a sus mujeres, a sus negocios, todos nos atamos a los deseos y nuestros argumentos y justificaciones son el amor pero… ¿qué clase de amor es ese?

La realidad es que nos amamos a nosotros mismos pero con un amor adulterado y raquítico que es el ego. Ni siquiera somos capaces de amarnos a nosotros mismos en libertad. Entonces ¿cómo vamos a saber amar a los demás? Aunque sean nuestros esposos o nuestros hijos. Preferimos dormir para no descubrir la libertad que supone lo nuevo.

Lo primero que ocupas para despertar es saber que estás durmiendo y estás soñando.

La religión es una cosa buena en sí pero en manos de gente dormida puede hacer mucho daño y lo podemos ver claramente por la historia de una religión que el hombre en el nombre de Dios cometió tantas barbaridades creyendo que hacía el bien.

Así que si no sabes emplear la palabra religión en esencia, en libertad sin fanatismos ni biologías, de un color u otro, puedes hacer mucho daño.

Y de hecho se sigue haciendo.

Para despertar hay que estar dispuestos a escucharlo todo más allá de los carteles de buenos y malos y con receptividad, que esto no quiere decir que con crueldad. Hay que cuestionarlo todo atentos a descubrir las verdades que puede haber separándolas de las que no lo son. Si nos identificamos con las teorías sin cuestionarlas con la razón y nos la tragamos almacenándolas en nuestra mente es que seguimos dormidos.

No has sabido asimilar esas verdades para hacer tus propios criterios, hay que ver las verdades, analizarlas y ponerlas a prueba.

HACED LO QUE OS DIGO decía Jesús

Pero no podemos hacerlo si no nos transformamos en un hombre nuevo, despierto y libre, el que ya es capaz de amar.

«Aunque diera todo a los pobres y mi cuerpo a las llamas ¿de qué me serviría si no amo?».

SAN PABLO

Este modo de Pablo se consigue viviendo y este modo de ser nace de estar despierto, disponible y sin engaños.

Cando la relación entre amigos no funciona, puedes aliviarla, puedes pararte y comenzar una tregua, pero si no has puesto al aire las premisas que están debajo, el problema sigue en pie y seguirá generando sentimientos negativos.

Si reconoces que tu vida es un lío teniendo receptividad, ahí ya estás dispuesto a reconocer que tu sufrimiento y tu congoja las fabricas tú mismo y eres capaz de darte cuenta, es que comienzas a despertar.

Ordinariamente el ser humano busca alivio y no curación.

¿Cuando tú sufres estás dispuesto a separarte de ese sufrimiento lo necesario para analizarlo y descubrir el origen que hay detrás?

Es preferible dejar que sufras un poco más hasta que te hartes y estés dispuesto a ver que o despiertas tú o la vida te despertará.

Los alivios son manejos comerciales del buen comportamiento que te ha metido en la mente tu sentido de la Buena educación. Si lo miras despierto observarás que solo un comercio toma, da, chantajea, en general hipocresía total.

¿Cuando ves esto quieres quitarte la enfermedad? O tomar un analgésico para no sufrir. Cuando la gente se harta de sufrir es un buen momento para despertar.

BUDA dice: **el mundo está lleno de dolor y genera sufrimiento, la raíz del sufrimiento es el deseo, si quieres arrancarte esa clase de dolor tendrás que arrancarte el deseo.**

En cuestión del lenguaje, la palabra deseo en español abarca deseos Buenos que son estímulos de acción y deseos estériles que a nada conducen, a estos deseos para entendernos vamos a llamarlos apegos.

La base del sufrimiento es el apego, en cuanto deseas una cosa compulsivamente y pones todas tus ansias de felicidad en ella, te expones a la desilusión de no conseguirlo.

De no haber deseado que una persona te quiera y te tenga en cuenta, de haberlo deseado no te importaría su indiferencia ni su rechazo.

Donde no hay deseo –apego, no hay miedo porque el miedo es la cara opuesta del deseo inseparable de él. En esta clase de deseos nadie te puede intimidar ni nadie te puede controlar, porque si no tienes deseos, no tienes miedo a que te quiten nada.

Donde hay amor no hay deseos, y por eso no existe ningún miedo.

Si amas realmente a alguien, podrías decirle sinceramente, así sin los cristales de los deseos te veo como eres y no como yo desearía que fuese y así te quiero sin miedo a que te me escapes o a que me faltes, a que no me quieras. Porque en realidad, ¿qué deseas? ¿Amar a esa persona tal cual es? O a una imagen que no existe.

En cuanto puedas desprenderte de esos deseos-apegos podrás amar.

A lo otro no se le puede llamar amor, pues es todo lo contrario a lo que el amor significa. El enamorarse tampoco es amor, sino desear para ti una imagen que te imagines de una persona. Todo es un sueño porque esa persona no existe. Por eso en cuanto conoces la realidad de esta persona, como no coincide con lo que tú te imaginabas, te desenamoras.

La esencia de todo enamoramiento son los deseos, deseos que generan celos y sufrimiento porque al no estar asentados en la realidad viven en la inseguridad, en la desconfianza, en el miedo a que todos los sueños se acaben.

El enamoramiento proporciona cierta emoción y exaltación que gusta a las personas con una inseguridad afectiva y que alimenta una sociedad y una cultura que hacen de ellos un comercio.

Cuando estás enamorado no te atreves a decir toda la verdad por miedo a que el otro se desilusione por ti, en el fondo sabes que el enamoramiento solo se alimenta de ilusiones e imágenes idealizadas. El enamoramiento supone una manipulación de la verdad y de la otra persona para que sienta y desee lo mismo que tú y así poder poseerla como un objeto sin miedo a que te falle. El enamoramiento no es más que una enfermedad y una droga que por inseguridad no está capacitada para amar libre y gozosamente. La gente insegura no desea la felicidad de verdad porque teme el riesgo de la libertad y por ello prefiere la droga de los deseos, con los deseos vienen el miedo, la ansiedad, las tensiones, y por descontado la desilusión y el sufrimiento continuo, vas de la exaltación al desespero.

¿Cuánto dura el placer de creer que has conseguido lo que deseabas?

El primer soplo de placer es un encanto pero va irremediablemente al miedo de perder y cuando se apoderan de ti las dudas llega tristeza, la misma alegría y exaltación de cuando llegó el amigo es proporcional al miedo y al dolor cuando se marcha, o cuando lo esperas y no viene.

¿Vale la pena?

Donde hay miedo no hay amor. Y puedes estar bien seguro de eso

Despertarse es la única experiencia que vale la pena, abrir bien los ojos para ver que la infelicidad no viene de la realidad, sino de los deseos y de las ideas equivocadas. Para ser feliz no tienes que hacer nada, ni conseguir nada, sino de deshacerte de falsas ideas, ilusiones y fantasías que no te dejan ver la realidad, eso solo se consigue manteniéndote despierto y llamando a sus cosas por su nombre.

Tú ya eres felicidad, eres la felicidad y el amor pero no lo ves porque estas dormido, te escondes detrás de las fantasías, de las ilusiones y también de las miserias de las que te avergüenzas. Nos han programado para ser felices o infelices y esto es lo que te tiene confundido, te tienes que dar cuenta de esto para poder así salir de la programación. Si te empeñas en no despertar, nada se puede hacer.

El que tenga oídos que oiga, decía Jesús.

Si no quieres oír para despertar, seguirás programado y la gente programada es la más fácil de controlar por la sociedad.

Ahora, amigo mío, ya sabes muchas herramientas para despertar y ya conociste por qué atraemos siempre de lo mismo, qué es la iluminación y transformar tu vía para tomar tú las riendas.

AUTOESTIMA

*S*i sientes que tienes un autoestima bajo o aún no conoces este significado real de lo que es el amor propio y alta autoestima.

Aquí vas a fortalecer mucho este valor tan grande y vas a trascender más aún. Solo déjame ayudarte y guiarte, enfócate muy bien en lo que lees y pon todo en práctica, y vas a ver que todo será más hermoso en tu vida y menos sufrimiento.

De acuerdo con especialistas una baja autoestima o de amor propio impacta negativamente tus relaciones personales, de trabajo y de salud, porque fomenta el desarrollo de depresión, tristeza y enojo, así que tienes que aprender a amarte sobre todas las cosas y lo primero que debes hacer para superar esta crisis y recuperar el amor propio por ti es identificar las condiciones y situaciones que te causan baja autoestima; como problemas en el trabajo, con tu pareja o algún cambio imprevisto.

Por eso te nombraré algunas normas y formas que son sencillas para incrementar tu autoestima.

Lee cuantas veces puedas esto:

El PRIMER PASO ES: toma consciencia de tus pensamientos, observa con detenimiento durante el día tu diálogo interno, e interpreta cada situación que te hace perder el amor por ti, identifica con qué palabras te hablas, qué tipo de regaños usas contigo, de qué forma te insultas, observa detenidamente si lo que estás haciendo lo haces por ti o para buscar aprobación externa. Observa cuidadosamente qué es lo que haces cada vez que cometes un error. ¿Te regañas? o simplemente te abrazas y tomas la situación para convertirte en la mejor versión de ti mismo.

Observa cada pensamiento que se te venga a la mente, no te juzgues por hablarte mal, porque simplemente estás programado para regañarte así. Sé compasivo contigo mismo y simplemente toma consciencia.

El SEGUNDO PASO ES: perdónate a ti mismo. Ya después de haber observado tu comportamiento, es tiempo de que te perdones por aquellas ofensas que te haces diariamente, por ese tipo de actitudes que haces con los demás que ni siquiera te atreves a hacer por ti.

Ya has tomado consciencia de lo que haces por mendigar amor y por buscar aprobación, por buscar que te den cariño, es extremadamente normal. La mayoría de la población lo hace pero está en ti juzgarte por eso, seguir igual o perdonarte y cambiar.

Recuerda que todo el mundo comete errores y esos te ayudan a crecer como persona y a nivel profesional. Así que ahora mírate al espejo, obsérvate con compasión, mira dentro de ti a ese niño interior, abrázalo con amor porque recuerda que todos hacemos lo mejor que podemos y con el conocimiento que tenemos, mira a los ojos de ese niño o de esa niña y pídele perdón,

Dile: perdóname por haberte hecho tanto daño, no era consciente hasta ahora, te amo y aquí estoy para apoyarte.

EL TERCER PASO ES: procúrate, haz hábitos que te brinden energía y mejoren tu salud, como dormir bien, lee, medita, corre, cambia alimentos chatarras por saludables y sobre todo beber agua. Recuerda que la relajación es importante,

Así que encuentra alguna actividad que disminuya el estrés y que sea divertida para ti, trata de aprovechar tu tiempo y disfrutarlo al máximo, que cada minuto cuente, elimina las cosas que haces y sabes que no te benefician y simplemente reemplázalas por algo mejor o algo que te guste hacer. Eso es amarte a ti mismo.

Porque recuerda que no puedes amar a los demás si no te amas a ti mismo, eso sería algo incoherente.

Ya es momento de cambiar, toma la firme decisión de dejar todo aquello en el pasado y comenzar de nuevo, comenzar con algo saludable, con un mejor estilo de vida para ti.

EL CUARTO PASO ES: Libérate emocionalmente, puedes utilizar una técnica de liberación emocional para sanar los sentimientos negativos y recuperar tu paz interior, una forma efectiva de hacerlo es con mantras o afirmaciones como: YO ME AMO Y ME ACEPTO TAL Y COMO SOY.

Este tipo de actividades les ha funcionado a muchas personas, te recomiendo que cuando estés solo y sientas ira, tristeza, enojo hacia los demás o hacia ti mismo simplemente grita en una almohada y libera todos aquellos sentimientos que has guardado durante mucho tiempo y te dejes libre, permítete llorar, permítete expresar todo aquello que no has dicho. Imagínate que tienes a la persona por la que tienes mucho enojo en frente de ti, exprésale todo lo que sientes, no te guardes nada porque mereces ser feliz. Eso lo tienes que tener bien claro, vacíate todo para que así le dejes espacio al amor.

Recuerda que no tenemos que llegar al amor, simplemente tenemos que destruir todas las barreras que hemos construido hacia él. Esto lo decía un curso de Milagros.

EL QUINTO PASO ES: Empatiza contigo, somos muy críticos y exigentes cuando pensamos en nosotros, por lo que es importante que te reconcilies contigo mismo, utiliza palabras para describirte como si fueras un amigo, un ser querido, sé amable cuando vivas episodios de dolor o ansiedad, recuerda que somos seres humanos y estamos viviendo esta experiencia y es normal sentir dolor. Pero para poderlo liberar fácilmente tienes que expresarlos en el momento, expresar lo que sientes y no tener miedo a que te juzguen o a que te rechacen, acepta tu debilidad porque eso forma parte de todos no nada más de ti, acepta tu parte dual, esa parte de sombra y esa parte de luz. Sé amable contigo, reconoce que algunas veces te puedes enojar, puedes mentir, puedes juzgar, pero eso no te hace mejor ni peor persona, únicamente te hace tú que eres un ser maravilloso, así que acéptate y ámate por completo.

EL SEXTO PASO ES: Reconoce tu autenticidad, piensa en que todas las personas son diferentes, y cada una tiene características que las hacen únicas,

¿cuáles son las tuyas?

Toma lápiz y papel y haz una lista, analiza cómo las utilizarías para sacarles provecho y sentirte mejor contigo mismo, enlista tus cualidades, aquello que te gusta hacer, aquello que te hace único y por primera vez tienes que empezar a conocerte, quítate esas capas que te has construido que realmente no son tú. Pregúntate tú mismo quién soy yo.

EL SÉPTIMO PASO ES: siente tus emociones, no guardes ninguna emoción, expresa todos tus sentimientos para que no te asfixies, tienes que empezar a ser coherente contigo con lo que piensas, dices y haces. No olvides agradecer todo lo que tienes a tu alrededor, tanto personas situaciones o cosas, piensa que todo lo que te rodea es producto de tu esfuerzo, todos somos perfectos, con nuestros errores, con nuestras virtudes, tienes que aceptarte completamente.

APRENDE A ESTAR CONTIGO MISMO. PERDÓNATE, TRÁTATE CON RESPETO PORQUE RECUERDA QUE TÚ ERES EL AMOR DE TU VIDA. TÚ ERES LA PERSONA CON QUIEN VAS A ESTAR HASTA LA MUERTE. MÍRATE AL ESPEJO, ABRÁZATE MÍMATE, CONSIÉNTETE, TÓMATE UN DÍA PARA TI. PORQUE ERES MERECEDOR DE TODO EL AMOR.

CONSCIENCIA –ESPIRITUALIDAD

Este es un tema que en lo personal es lo que me ha hecho volver a nacer. Recuerda que tienes que morir para volver a nacer o dicho de otra manera, tu pasado tiene que morir para que entre tu nuevo futuro.

Primero vamos a ver qué es consciencia y luego te contaré algo sobre qué es ser espiritual.

CONCIENCIA.

Toda nuestra vida la pasamos viendo todo lo que sucede a nuestro alrededor y en nuestro entorno, nos domina el mundo exterior.

Yo siempre pensé que todo lo que pasaba en el mundo, en mi país en mi familia y en mi entorno inclusive con mi pareja, era porque así tenía que ser.

Nunca había comprendido la palabra conciencia ni su significado y lo que representa en nuestras vidas.

Cuando tuve mi despertar, empecé a estudiar sobre la mente humana y todo lo que conectaba con el ser desde sus comportamientos, costumbres y hábitos.

Empecé a comprender que todo empieza y termina en uno y que somos creadores de nuestra propia realidad, que no vinimos con un destino marcado, sino con una programación que se fue formando a lo largo de nuestra vida.

Ahora quiero compartirte mis conocimientos y quiero que tú también los apliques porque despertar es lo mejor que les puede pasar a las personas que han vivido en un sueño del cual es momento de despertar.

Veamos qué es conciencia….

Es estar atentos al mundo externo e interno, no es solo ver y pasar los días de tu vida como uno más, sino sumergirse por entero a la experiencia que se abre ante nosotros, es tener la flexibilidad para aceptar cambios y situaciones de improviso, porque la es vida cíclica, es circular. Cuando caminas en fila recta, no vives, solo sigues la huellas de otros, no te cuestionas.

Tomar conciencia es darte cuenta, no es un arte, es reflexionar en el aquí y el ahora sobre lo que sientes en un momento dado, ¿qué emoción te impulsa o te detiene? ¿Para qué evitas esa situación o persona? ¿Qué podrías hacer lo que te impide avanzar donde deseas? Todas estas preguntas tienen un poderoso efecto sobre ti, te irán abriendo camino a ser más flexible, más perceptivo y abierto con los cambios. Podrás darte el permiso de ser quien eres, quitar reglas y prejuicios que te pusieron otros en tu camino, y que dadas las circunstancias van a chocar con tu propia esencia impidiéndote que puedas desarrollar todo tu potencial.

No hay muchos caminos, hay muchos nombres para el mismo camino y este camino es conciencia.

Este es un tema que quiero empezarlo desde su origen para que podamos entender desde el principio de todo.

Me he tomado tiempo y dedicación para investigar cuidadosamente este tema sobre la conciencia y su origen, luego de transcender y llegar al despertar del ser humano.

Hice un resumen de 5 años de estudio para poder llevártelo a ti de una forma más precisa y detallada.

Para comprender lo que sucede después del despertar, es importante conocer todo el proceso del despertar de conciencia,

Cuando nuestra conciencia individual (el alma) encarna en un cuerpo físico, los primeros meses de vida es pura conciencia, a medida que los padres, la familia en general, la sociedad, la cultura y la educación le van enseñando una serie de conceptos, esta personita se va identificando en un personaje ficticio. Es decir... se le asigna un nombre, se le dice que es de este cuerpo, que tiene una familia, se le enseña una lengua y se le va acondicionando a través de la cultura familiar y del entorno.

La persona va creando una identidad basada en todo esto y también basada en su propia historia de vida, las experiencias que va viviendo.

Esta identidad ficticia, este "YO" que se ha creado es conceptual, es decir que está basado en conceptos e ideas. Por tanto es creada por la misma mente, la cual es ilusión. Este "YO" se ve separado del resto del mundo, es el YO separado o EGO.

En la etapa previa despertar el individuo vive de manera inconsciente, no conoce su verdadera naturaleza, vive en función de lo aprendido de estos patrones mentales condicionados y conceptuales, los cuales hacen énfasis siempre en su cuerpo, su intelecto y sus relaciones sociales.

Esta etapa del despertar es la etapa de la conciencia egótica, del ego que es la creencia de que somos de este cuerpo a mente y nuestra historia. Creemos a ciencia cierta de que esta vida es real y desconocemos la verdadera realidad que está más allá del sueño de la separación.

Durante esta etapa de inconsciencia luego el individuo vive en función de la separación, la competitividad, las diferencias sociales, culturales, políticas, raciales, etc.

No tiene conciencia de la unidad de la vida, ya que su atención esta principalmente siempre afuera, en las cosas que suceden en el exterior, se puede decir que la atención está en la superficie o periferia.

La atención es una de las cosas más importantes aquí, cuando la atención está puesta afuera, vivimos de manera distraída creando un velo que nos ciega nuestro ser verdadero.

El ego, la identificación con el cuerpo y mente, oscurece la realidad, la esencia pura, lo que realmente somos.

Si dejamos de poner atención a las cosas del exterior para ponerla en nuestro interior permaneciendo descansando en el puro silencio, es cuando empezamos darnos cuenta de que hay algo más que no es lo que creo que soy y que está observando todo el tiempo.

El YO separado o EGO tendrá que experimentar una serie de situaciones y vivencias específicas para lograr el despertar.

Estas vivencias suelen estar siempre acompañadas de sufrimiento, a través del sufrimiento el individuo empieza a buscar alivio en el camino espiritual, por tanto es una etapa previa al despertar en la cual el "YO" se convierte en un buscador para lograr el fin de su sufrimiento y la liberación.

¿QUÉ ES DESPERTAR?

Despertar es la revelación que sucede cuando experimentamos en nuestro propio cuerpo y mente la verdad que realmente somos. Es decir, es darse cuenta de que no somos este cuerpo y mente, sino que somos algo mucho más elevado y divino.

Somos una conciencia pura que es impersonal e ilimitada.

La experiencia del despertar es una fusión con el uno, el todo, la divinidad que es y en esa fusión experimentamos conscientemente que no somos ni el cuerpo ni la mente, sino que somos todo.

El despertar revela la inasistencia del YO SEPARADO, y así descubre que eres todas las cosas.

Resulta paradójico, descubrimos que no somos nada y al mismo tiempo que somos absolutamente todo.

Sentimos un vacío de contenido mental y adquirimos la comprensión profunda de que somos nada y que somos TODO y que lo único que es real, es este sentir YO SOY.

Este acto de despertar, de darse cuenta de la realidad es una revelación, suele ser un instante el cual se puede repetir más de una vez. Hasta que tenemos la comprensión profunda, pero cuando hemos experimentado el despertar ahí no acaba la cosa.

No significa que una vez hayamos despertado ya hemos logrado la liberación. ¡¡¡No!!!

Mientras aún siga habiendo identificación con el YO-EL EGO, la vida seguirá poniéndote pruebas duras con el objetivo de lograr la liberación.

¿QUÉ SUCEDE DESPUÉS DEL DESPERTAR?

Una vez hemos experimentado conscientemente la revelación de la verdad de nuestro cuerpo-mente, hay una transformación.

Ahora ya sabemos lo que realmente somos, algo que está más allá de la forma física y mental, de la estructura que creíamos ser y que está siempre

observando conscientemente, comprendemos que somos la divinidad misma y entonces pasamos a ser un canal, a través del cual la divinidad o conciencia pura se manifiesta a través de nuestra estructura.

Muchas personas piensan que una vez que se ha experimentado el despertar, el sufrimiento se acaba y que sus vidas estarán llenas de paz y felicidad, pero esto no es así.

Después del despertar viene la etapa de integración.

¿QUÉ ES INTEGRACIÓN?

Significa que se está integrando el despertar en la estructura, el cuerpo – mente.

La etapa de integración va desde el DESPERTAR hasta LA ILUMINACIÓN, la liberación total. Durante esta etapa de integración hay una identificación con el YO – EGO, por tanto la vida nos va a traer más pruebas duras y difíciles en las que vamos a seguir sufriendo con la intención u objetivo de ir transcendiendo "EL YO". En algunas personas esta etapa puede ser incluso más dolorosa que la etapa previa al despertar.

Pueden cerciorarse de que hay más problemas que antes, los cuales suelen ser más fuertes, pero en esta etapa, también tenemos más capacidad y Fortaleza para resolver dichas pruebas, ya que ahora ya sabemos lo que realmente somos y que todo este experimentar es una ilusión, un sueño.

Ahora ya no hay tanto apego al "YO" la identificación con el cuerpo-mente se ha empezado a romper para poco a poco irse desmenuzando hasta acabar disolviéndose completamente.

Ahora ante cada situación que pueda ser considerada un problema para el ego, surge de nosotros mismos una tendencia a la paz y al equilibrio interno.

Es decir un retorno a nuestro verdadero ser.

Pruebas que quizás nos hubieran destrozado durante la etapa previa al despertar. Ahora después del despertar no nos afectan de manera tan intensificada.

Pues no estamos y sabemos recuperar nuestro equilibrio.

La vida te pondrá a prueba una y otra vez hasta que ya no te afecte, es más, hasta que ya no haya nadie a quien pueda afectarle.

A medida de que vas más allá de la sensación del "YO" te vas sintiendo más inocente, más humilde, más honesto contigo mismo, eres más compasivo, esa visión de competitividad entre tú y los demás que es un aspecto del ego va desapareciendo.

Desaparece ese afán por ser el mejor, por utilizar a los demás para tu propio beneficio. Ya no centras tu atención en el futuro y en que todas tus acciones presentes son un medio para lograr un fin.

Ahora vives mayoritariamente en el momento presente sin apegos del pasado y sin preocuparte por el futuro.

Cada vez más vas sintiendo la conexión que hay entre todos los seres vivos, incluyendo animales y plantas. Sientes la unidad en todo y que no existe separación alguna, pero esta sensación a veces queda oscurecida con la identificación con el YO, pues en esta etapa aún no se ha disuelto completamente el ego.

Sientes gratitud por todo por ejemplo por tu plato de comida, por la familia que tienes, por tu hogar, por tu salud, por la existencia misma. Etc.

Ves belleza en todas partes, la naturaleza la percibes como magia a la vista de tus ojos y sientes un gran sentimiento de no dañar a ningún ser vivo, incluyendo las plantas y los insectos, todo lo ves hermoso, mágico, divino y te encanta pasar horas observando la magnificencia de la creación.

Otros de los aspectos que sucede después del despertar es que cuidas de tu cuerpo, de tu salud, ahora eres un ser consciente y como consecuencia cuidas que tu alimentación sea nutritiva y lo más beneficiosa para tu organismo.

Desechas todo aquello que pueda perjudicar tu salud. Como por ejemplo, el Tabaco, el alcohol, y otras sustancias tóxicas.

Es muy probable que después del despertar te vuelvas vegetariano o vegano, ya sea para cuidar de tu salud o para evitar todo maltrato y sufrimiento de los animales.

También cuidas tu cuerpo haciendo deporte, un estilo de vida saludable a nivel físico mental y espirituales una de las cosas principales y una consecuencia del despertar, sientes curiosidad por las terapias alternativas, y es muy probable que empieces a aprender y a practicar técnicas de sanación energética y medicina natural.

Unos ejemplos son el reiki, el yoga, el tai chi, las plantas medicinales etc.

Otro aspecto a resaltar es que sientes que no eres el hacedor, tú no haces las cosas que suceden en la vida, es la misma conciencia que se manifiesta a través de tu estructura la que hace todo.

Por esto puedes tener la sensación de que no hay libre albedrío, las cosas simplemente suceden.

Ahora te sientes un canal a través del cual la divinidad se manifiesta por momentos a una identificación con el YO, pero la mayoría de apegos se han transcendido.

Ahora tu forma de vida es mucho más simple y sencilla ya que al vaciarte interiormente de conceptos y patrones condicionados del pasado, eso se refleja en el exterior, siendo tu forma de vida más simple y sin complicaciones.

Después del despertar, tenemos la sensación de que no sabemos nada.

Esto es debido a que las Viejas estructuras conceptuales del ego se están desmoronando y que no somos nosotros los que vivimos la vida, sino que es la vida que se vive a sí misma a través de nosotros, el YO no sabe nada, pero a través de nuestra estructura, fluye una corriente llena de sabiduría que proviene de la fuente, amas a todos los seres por igual, no es la clase de amor de la conciencia egótica, que solo quiere y desea para sí mismo, sino que es el amor como estado de ser. Amas por igual a tus seres queridos, familiares, amistades, a todos los seres humanos, animales, vegetales, al planeta, etc.

Es un sentimiento amoroso de gratitud.

Despertar la conciencia y elevarte por encima de cuerpo y mente, no significa que te conviertas en un insensible ante el sufrimiento ajeno.

No significa que te muestras indiferente ante la crueldad y el dolor que infligen unos seres a otros.

Despertar la conciencia, significa que te vuelves aún más sensible y vulnerable que antes, puedes sentir dolor ajeno dentro de ti mismo. De tus propias entrañas, dentro de tu corazón. Más que nunca eres consciente de la conciencia ajena y de todo el sufrimiento que experimentan tantos seres humanos como los animales y el planeta. Ser consciente significa que ves a todos los demás como una extensión de ti mismo y te cuesta comprender como las personas pueden dañar a otras, que no se den cuenta, de que ese mismo daño que causan a los demás no lo quieren para sí mismos.

Y aun así por ley de equilibrio, van a sufrir ese mismo dolor. Despertar la conciencia significa que todo, absolutamente todo lo que sucede en el mundo, te sucede a ti mismo, pues tú eres el mundo, tú eres la manifestación que surge de lo no manifestado. TÚ ERES TODO y al ser todo sientes el sufrimiento ajeno, como propio. De aquí surge la compasión.

Pero despertar la conciencia, también significa que a pesar de ser consciente de todo el sufrimiento del mundo, no te pierdes en él. No lo haces tuyo, no te apegas a ese sufrimiento efímero e ilusorio sino que eres libre. Por tanto algo que puede impactarte en un momento concreto, por unos instantes, lo sientes, lo comprendes, lo liberas, y transciendes, dando la impresión a los demás de que eres indiferente ante tal sufrimiento. Pero en el fondo de tu corazón hay una comprensión, el sentir que se ha intensificado enormemente más que nunca. Pero eres consciente de que eso es solo parte del sueño.

Ves sufrimiento en el mundo, lo sientes, reaccionas ante él pero no lo llevas cargando a tus espaldas, simplemente lo sueltas, te desapegas, sabes que todo lo que ocurre en el mundo es la misma conciencia pura, el uno experimentándose a sí mismo, viviéndose a sí mismo, y por tanto todo es perfecto, todo es divino.

Esta etapa post despertar suele ser un proceso de disolución de la identidad. Este YO ficticio creado a través de conceptos y condicionamientos mentales.

¿QUÉ ES LO QUE DEBEMOS HACER DURANTE ESTA ETAPA DE INTEGRACIÓN?

Es fundamental la aceptación y la rendición, la naturaleza del YO-EGO es la de resistirse a lo que es, como se basa en conceptos mentales, se juzgan las cosas como te gusta o no te gusta, entonces todo aquello que no le gusta lo rechaza, se resiste, no hay aceptación. Por tanto hay sufrimiento.

Esta es una etapa crucial para la liberación final, la liberación total del sueño de la ilusión. Es muy importante aparte de practicar meditación todos los días, hacer la práctica de la autoindagación.

La indagación consiste en permanecer el máximo tiempo posible observándose uno mismo y observando todo a su alrededor.

Las preguntas:

¿QUIÉN SOY YO?

¿SOY CONSCIENTE?

Estas dos son realmente imprescindibles en la autoindagación, ya que no es más importante la respuesta a estas preguntas, sino la esencia de las mismas.

Cuando nos preguntamos, ¿SOY CONSCIENTE?, automáticamente dejamos de estar identificados con el YO SEPARADO y pasamos a anclarnos en la conciencia que somos.

La autoindagación es una forma de meditación y debe hacerse el máximo del tiempo posible, es muy fácil caer en las distracciones mundanas y en la identificación de nuestros propios pensamientos, por eso la autoindagación es la herramienta fundamental que nos ayuda a mantener nuestra atención en el verdadero ser que somos.

Y como consecuencia, evitar tales apegos e identificaciones.

Las enseñanzas durante esta etapa, son la enseñanzas de la no dualidad.

El proceso del despertar se puede resumir de la siguiente manera.

El proceso del despertar tiene una primera etapa con el YO-EGO.

1-etapa

IDENTIFICACIÓN CON EL YO.

Es una etapa inconsciente que hay que experimentar, después tenemos la experiencia del despertar en forma de revelación.

REVELACIÓN DEL DESPERTAR

Después del despertar viene la etapa de la integración. En la cual practicamos autoindagación, aceptación y rendición, además de meditación en el silencio.

2-Etapa

INTEGRACIÓN – ASIMILACIÓN.

La rendición es la acción de soltarte, de entregarte, totalmente, es el acto que hace el cuerpo – mente de entregarse a la divinidad una que es.

Y finalmente esta etapa de disolución del YO va a traer consigo LA ILUMINACIÓN, la liberación total, el nirvana.

LA ILUMINACIÓN ES:

Es el estado de ausencia total de yo, a identidad o persona, la persona no puede iluminarse porque la persona vive en la dimensión adual, lo que no es real, LA ILUMINACIÓN es cuando la conciencia pura se reconoce a sí misma, y también cuando la persona se ha rendido, entregado y disuelto ante su verdadera naturaleza.

LA ILUMINACION es el fruto de todo el proceso del despertar, es el resultado, la consecuencia, por tanto el camino del despertar no es una búsqueda de algo o de lograr un estado, pues todos los estados son estados mentales, el camino del despertar se trata de una total rendición, un vaciarse, un descansar en el silencio que eres, en la nada que eres.

CÓMO ELEVAR TU VIBRACIÓN.

Elevar nuestra vibración nos lleva a un estado de placer, de gozo, donde más rápido obtienes los resultados que deseas de una situación. Te sientes más saludable y atraes mejores relaciones a tu vida.

En un mundo como el actual, con tanto estrés, nerviosismo y competencia. Nuestro estado vibratorio se debilita, nuestra energía física en conjunto con la energética, sufre una alteración constante y acabamos sufriendo desequilibrios muchas veces muy serios. Estos desajustes pueden pasar por ser temporales, transitorios a convertirse en crónicos y luego derivar en enfermedades. Porque todo lo vinculado con enfermedades físicamente y en general todo tipo de enfermedades que lógicamente la medicina oficial solo contempla la parte física, la parte de hacer un simple cirugía, pero el verdadero reto es descubrir el origen de ese trastorno que ha producido esa anomalía.

Lógicamente la medicina no se va a ocupar de esto.

Lo que todos conocemos como el aura, podemos decir que es una barrera energética que desprenden nuestros otros cuerpos sutiles como el mental emocional, espiritual, a cada uno nos afecta de una forma en función de nuestras carencias y debilidades.

Lo principal es adoptar una actitud desapegada en relación a las agresiones externas que sufrimos, porque cuando algo que percibimos como amenaza, o alguien que nos ataca y centramos toda nuestra preocupación en eso, estamos focalizando nuestra energía en aquello que no deseamos, y obtenemos al final el efecto contrario y le estamos dando fuerza.

Eso no significa no defenderte, la legitimidad de la defensa personal es un elemento clave en nuestro derecho en la convivencia.

Pero a nivel mental debes hacer algo si alguien te quisiera perjudicar y es no otorgarle tu poder ni tu atención, solo pide al universo que todo mal que te deseen regrese a su emisor en su justa medida se llama efecto búmeran.

El universo te escucha, así que sueltas y olvidas el tema no concederle más pensamiento ni ningún tipo de atención porque estarías cediendo tu poder y tu energía, lo que hay que procurar es centrarse en los aspectos positivos que hay en tu vida e intenta fortalecer esos aspectos positivos.

Siempre por más difícil que sea una situación, siempre, siempre vas a encontrar algún aspecto positivo, algún valor, tal vez no en lo material, familiar o en tu alrededor palpable, pero sí en tu interior.

Impotenciamos una cualidad que puede ser desde un dote físico un valor, con lo que sea que te sientas

satisfecho. Es como plantar una semilla de un árbol, hay que regarlo con sentimiento y voluntad día a día y cuidarla y al final te darás cuenta de que te dará frutos.

El problema es que lo habitual es dejar de creer en esa cualidad, y eso es lo peor que podemos hacer. Descuidar aquello en lo que creemos.

El agua para regar esa cualidad es nuestra fe personal, nuestra autoestima que ya hablamos de ese valor tan grande que ES LA AUTOESTIMA, si es abundante y que sea abundante para que crezca y se desarrolle y adquirirá unas dimensiones auténticamente notables.

Pero ¿cómo saber si tienes suficiente fe en ti mismo y en tu propio potencial?

Pues es muy simple y es no cediendo al condicionamiento social, que digan lo que digan, tú tienes que seguir escuchando tu voz interior que te habla y que dicta los pasos a seguir el camino que tienes que seguir.

La sociedad va a intentar decirte que no vas a alcanzar nada con tu singularidad; la singularidad que te caracteriza como individuo, que te diferencia del resto porque como la mayoría de la gente son como clones, la gran masa humana de la misma forma de ser, aficiones, conceptos, materialistas, consumistas de la vida. Etc.

Pues quieres que tú también seas y actúes como ellos.

Piensa que si tienes un proyecto o algo que te mueve a ser diferentes, te tratarán de decir que no lo vas a lograr y ojalá tengas una vida hueca y vacía como ellos y no vaya a ser que tú tengas esa singularidad de la que ellos carecen.

Crea tu propia realidad, escucha tu corazón, acércate a aquello que te hace vibrar y que te despierte algo.

Pon música que esto te ayuda mucho a elevar tu vibración, pero no música con mensajes de despecho ni nada de tristeza y es muy importante el tipo de letra y mensaje de la canción porque aunque tenga buen ritmo, te está enviando mensajes subliminales a tu subconsciente que luego se pueden materializar.

La música es un medio mágico y si abres las puertas de la percepción, y dejas que ciertas vas a dejar que ciertas frecuencias penetren en tu campo sensorial puedes llegar a armonizarte con los ciclos de la tierra. Y de ahí surge la conspiración de la música que actualmente se establece la frecuencia de 440 HZ algo que en teoría perturba el pensamiento y genera una cierta docilidad para seguir las masas.

En cambio la música con de 432 HZ (HERZIOS) unifica el balance sónico de la naturaleza, incluso llega a armonizar los ciclos de la naturaleza con nuestro AND y nuestra conciencia es una especie de alineación mágica.

En 1936 la AMERICA STANDAR ASOCIATION recomendó que se usara esa frecuencia de 440 HZ desde entonces estamos escuchando música en una afinación de instrumentos que perturba y confunde la mente y nubla la conciencia.

Estas frecuencias desde luego es muy pasar de 440 HZ a 432.

Pero lo que más eleva la vibración de los seres humanos es la naturaleza, el contacto con el mar, las montañas, los bosques.

¿Cuándo fue la última vez que caminaste descalzo en la naturaleza?

Sabes la cantidad de energía que puedes llegar a recoger, caminar descalzo y tener contacto con la yerba o incluso abrazar un árbol, el estrés y la negatividad se diluyen mágicamente, hay una regeneración energética.

Vivimos en un mundo tan tecnificado que nos están aislando de la naturaleza y nosotros lo estamos permitiendo, al mismo tiempo nos estamos aislando de nuestros orígenes y en esencia de lo que somos.

Hay muchas cosas que no nos dejan tener contacto con la madre tierra y encima todas las ondas electromagnéticas que nos perturban aún más a nivel energético.

Es muy simple, solo tienes que volver al origen y vuelve a tomar el contacto con la naturaleza. Es esencial hacerlo.

Ve al campo y pasa un cierto tiempo en estado vegetativo y vas a ver cómo regeneras toda tu energía del estrés, de la negatividad y de todo lo que llevas dentro que lógicamente nos acecha diariamente a través de nuestras relaciones personales y a través de toda la contaminación electromagnética.

Estar un momento en el campo o en el mar recibiendo toda la energía de la naturaleza es la forma de abstraerse hacia la propia esencia y elevar la vibración.

La base para recuperar tu equilibrio está en el contacto con la naturaleza o la madre tierra.

También puedes practicar 10 maneras simples de elevar rápidamente tu frecuencia y vibración.

Recuerda que es muy importante cómo estás vibrando y la debes mantener siempre elevada para mejorar tu vida.

Al aprender a elevar tu frecuencia vibratoria podrás llegar a crear el mayor impacto posible que puedas llegar a creer sobre ti y sobre el planeta en su conjunto.

Este cambio es tan poderoso que cambiará todo sobre ti y las personas con las que entran en contacto, ese es el fundamento de este cambio, que te permitirá hacer grandes cosas si eso es lo que estas destinado a hacer.

Todas las vibraciones operan a altas y bajas frecuencias, dentro de nosotros y alrededor de nosotros. Si tu vibración es baja será evidente es simplemente una cuestión de concienciar trabajar sobre tu situación y luego trabajar para rectificarla.

Quizás nunca antes habías pensado en tu frecuencia, pero afecta todos los aspectos de tu vida, tú creas tu propia realidad, y te atrae igual.

Por la ley de atracción, magnetizas o todas las experiencias, personas o circunstancias en tu vida. Incluso aquellas que parecen ser casuales o accidentales en la naturaleza, al igual que las ondas de radio que se escuchan con claridad pero permanecen invisibles. Tu frecuencia vibratoria emana tus pensamientos acumulativos, emociones y conciencia y continuamente se transmite al universo.

Ahora que ya te expliqué cómo funciona la vibración, te voy a dar 10 formas para que las practiques lo más que puedas para elevar tu vibración.

1- CONCIENCIA DE PENSAMIENTO, el poder del sonido condiciona tu mente para experimentar constantemente lo que hablas, las palabras que hablas a otros o a ti mismo en realidad pueden debilitar tu vibración y hacer que no se sientas bien. Tus palabras guían tu mente y cuerpo hacia las experiencias que deseas tener, por ejemplo no decir nada negativo durante 24 horas te ayudará a ser más consciente de las cosas que te dices a ti mismo y a los demás. Este sería un desafío maravilloso que puedes hacer solo o con otra persona, muchas veces ni siquiera nos damos cuenta de cuántas cosas negativas decimos. Mantenga siempre el poder de sus palabras en mente. La vibración está influenciada por el pensamiento, así que imagínate cómo puedes influenciar positivamente las vibraciones con intenciones positivas. Durante las 24 horas empieza a decir más cosas sobre ti y los demás, usa tus palabras de para potenciarte a ti mismo, afirma exactamente lo que quieres experimentar, cambia las palabras que hablas y elevarás tu vibración.

2- MEDITACIÓN, la práctica de la meditación fortalece la porción más evolucionada del cerebro humano, el lóbulo frontal que está vinculado al aumento del pensamiento abstracto el razonamiento cognitivo, la creatividad y la positividad, también provoca que el cerebro libere neurotransmisores de origen natural, como dopamina, serotonina, oxitocina y endorfinas que están vinculados a diferentes aspectos de la felicidad, desde el simple placer hasta una profunda sensación de calma. Independientemente de su orientación religiosa o del método que elija meditar, permanecer sentado durante 5 minutos al día puede ayudarlo a despejar la mente confrontar y minimizar los patrones negativos de pensamiento consciente e inconsciente y conectarse al espacio divino que transciende a los pensamientos, sentimientos y circunstancias. Con el tiempo esta práctica aumentará tu frecuencia energética y contribuirá a una experiencia más feliz y más elevada de ti mismo, de los demás y del mundo en general. Naturalmente esto también te ayuda a elevar tu nivel de vibración.

3- GRATITUD, dedicarte unos minutos todos los días a despertar con gratitud inmediatamente elevará tu vibración y permitirá que haya más Milagros en tu vida. La gratitud es una de las vibraciones más elevadas que podemos sentir junto con el amor, la libertad y el empoderamiento, comenzar el día con pensamientos de gratitud puede marcar la pauta del día. ¿Cuál es tu primer pensamiento cuando te despiertas? Primero comienza tu día con gratitud, amor y paz. Comienza tu día en comunión, da las gracias por el regalo de la vida y por otro día más, la energía de gratitud puede ayudar a cambiar tu estado de ánimo de uno agrio a uno feliz. Al tanto que agradecer que cuando tomamos incluso un minuto de nuestro día para expresar gratitud le estamos dando a nuestra alma un cálido impulso de amor porque estás agradecido. Hacer una lista de gratitud cambia incluso tus vibraciones de centrarte en lo que no tienes y en lo que ya eres abundante en tu vida, cuando elevas tu vibración con gratitud el universo responde.

4- ALIMENTACIÓN ENÉRGICA, además del pensamiento positivo, la manera más rápida de aumentar su vibración es consumir alimentos que están llenos de energía vital, algunos alimentos vibran a altas frecuencias y algunos más bajos, lo más importante es prestarte atención a cómo comer ciertos alimentos hace que tu cuerpo se sienta. Solo recuerda que cada vez que comes cualquier tipo de comida estás absorbiendo en tu cuerpo la calidad de esta energía tiene un impacto directo en la calidad de tu salud y nivel de vibración, la energía es la sustancia central de todo el universo, sin energía, no habría vida. Comprender cómo funciona la frecuencia de la energía es importante para su bienestar, cuando tu energía no está vibrando correctamente eres más vulnerable a las enfermedades, el pensamiento negativo y la depresión, las plantas están llenas de energía vital del sol que tu cuerpo entiende de forma natural, mientras más consumas alimentos energéticos de alta vibración, más positivo, energizado y vital te sentirás y finalmente elevarás tu vibración.

5- FRECUENCIA DE AUDIO, dado que la música es un tipo de frecuencia puedes elevar fácilmente tu vibración escuchando música que se siente bien, es como un truco para levantar vibraciones, porque no requiere de mucho esfuerzo, sino solo sentarte y disfrutar de una Buena melodía, pruébalo ahora. El sonido y la vibración juegan un papel fundamental en todo, cada objeto tiene un ritmo natural de vibración, de hecho el cuerpo humano es una sinfonía del organismo, cada órgano, cada músculo, cada Sistema, cada hueso, cada célula, sin importar su tamaño, están en un estado de vibración, todo lo que vibra se hace a cierta velocidad, esta tasa se conoce como su frecuencia, puede utilizar las frecuencias de audio adecuadas para alterar positivamente las frecuencias de su onda cerebral y producir los resultados deseados específicos, por ejemplo se creó una frecuencia de audio llamada los vibracional ali fórmula. Notarás que esta frecuencia está llena de amor y energía, es la frecuencia del Corazón, puede transformar los corazones más ansiosos y generosos llenos de energía positiva. Al escuchar esta música sonríe a tu Corazón. Mira a tu Corazón como una flor fresca. Lleno de amor, lleno de fragancia irradiando al mundo, mientras meditas junto con esta música deja ir todos los sentimientos negativos en el interior de su Corazón, y mira cómo se vuelve tierno, lleno de amor y positividad que te dará una vibración más alta.

6- CURACIÓN DE CRISTAL, la energía cristalina es el poder que los cristales emiten, de forma natural y que puedes usar para curarte a ti mismo. Algunos cristales tienen frecuencias más altas y sus fuertes campos de energía se pueden utilizar para elevar su vibración personal, una forma simple de usar cristales para usar tu vibración como un principiante es relacionarlo con los chacras y el espectro visible, puedes utilizar piedras preciosas y cristales como partes de piezas de joyería, puedes llevar una combinación de piedras contigo en tu bolso o bolsillo, usarla durante sesiones de meditación, o mantener ciertos cristales debajo de la almohada, puedes aplicar las propiedades metafísicas de estos cristales más poderosos a medida que aprendes cómo puedes utilizarlos para sanarte.

7- LA NATURALEZA, la ecoterapia hace realmente maravillas, reconectando con la naturaleza y recargando las baterías energéticas, la naturaleza es una excelente forma de elevar el estado de ánimo de forma natural especialmente cuando se está meditando al aire libre siendo físicamente activo, trabajando en el jardín o salir a la naturaleza, y el esplendor de la naturaleza y elevará tu frecuencia vibratoria. Nuestros cuerpos necesitan luz y aire natural, la naturaleza proporciona frecuencias armónicas, que son compatibles con nuestras frecuencias naturales, los sonidos de los pájaros naturales y cantando con el viento moviéndose a través de los árboles, nos ayudan a reducir el estrés que a su vez eleva su frecuencia vibratoria. si puedes sal a la naturaleza con la mayor frecuencia posible, pasa tiempo cerca del agua, los árboles y el desierto, serás curado y limpiado por la poderosa energía contenida dentro de ese espacio elevando tu vibración muy rápidamente

8- ORGANIZAR, un espacio de trabajo y de vida desorganizado, desordenado es a la vez un síntoma de estrés. Limpia y organiza, mantén todo en orden y aumentarás tu vibración, esto refleja que nuestro entorno físico refleja el estado emocional, tener demasiado desorden o un ambiente sucio es una señal externa de los flujos estancados de energía creativa en tu vida, es una de las maneras más fáciles y rápidas de abrir los flujos de más bienes en su vida, limpia tu casa, deshazte de lo que no te trae alegría para que tengas más espacio para respirar. Debemos hacer espacios en nuestras vidas para que entren los ángeles, debemos limpiar nuestros hogares y lugares de trabajo de todo el desorden, limpiar las posesiones no deseadas y refrescar nuestros hogares en todos los niveles.

9- MUEVE TU CUERPO, la vibración requiere movimiento cuanto más se mueva más se moverán tus vibraciones. Así que mantente activo, baila, cuanto más feliz te sientas, más atraerás experiencias felices porque estás vibrando en una frecuencia diferente, además de los beneficios antiedad, el estado de ánimo y el metabolismo incluso pequeñas cantidades de ejercicios pueden elevar tu vibración, ya sea caminando o nadando o practicando yoga, el ejercicio físico puede ayudarte a salir de los surcos mentales, o emocionales y aumentar las endorfinas sanas, si es posible haz ejercicio al aire libre en algún lugar de la naturaleza, camina descalzo unos minutos al día sobre la hierba y respirar aire fresco te ayudan a transcender las preocupaciones de las exigencias humanas mundanas y volverás a conectar con tu ser superior, cuanto más te mueves, más alta es tu vibración, así que actívate baila, muévete, corre.

10- AGUA, en tan solo 20 minutos las sales marinas pueden ayudar a desintoxicar su campo de energía astral, vigorizar tus chacras y calmar tus músculos adoloridos. Esto se debe a que la limpieza ayuda a eliminar los patrones de energía invisibles del aura del cuerpo incluidos los recogidos de los demás y acumulados a los largo del día dejando espacio para nuevos pensamientos creativos y energías positivas, que siempre buscan guiarnos, lavarte las manos cuantas veces puedas al día. El científico japonés de nombre MASURO EMOTO, usó fotografías de alta velocidad para demostrar cuándo influyen nuestros pensamientos, palabras y sentimientos en el agua la tierra y nuestra salud personal, descubrió que el agua de manantiales transparentes, del agua que había sido expuesta de palabras amorosas, y mostraba patrones de copos de nieve brillantemente coloridos, complejos y multifacéticos, por el contrario el agua contaminada estaba expuesta a pensamientos negativos, formaba patrones asimétricos e incompletos con colores apagados, imagina los efectos que se producen en nuestros cuerpos que se componen con el 70% de agua.

Por último, sé bondadoso, dar a alguien sin esperar nada a cambio, cambia su pensamiento a tengo más que suficiente para dar a los demás.

La abundancia es una gran vibración como dice el refrán, debes conservar lo que regalas.

La ley de la vibración establece que cualquier vibración que se envíe para bien aumenta en frecuencia más altas, a medida que se mueve a través del tiempo y el espacio hasta que regresa al emisor trayendo consigo los dones de esa frecuencia más altas, por el contrario cualquier vibración enviada por razones egoístas como la codicia o la impotencia devolverá a las vibraciones en una frecuencia más baja.

Hay una expresión que dice... dales a los demás lo que más deseas. En última instancia, haciendo esto, aumentas lo que regresa a ti.

Ya sabes muchas herramientas para mantener muy alta tu vibración y así más fácil atraer a tu vida lo que deseas.

POR QUÉ REPETIMOS PATRONES

¿Por qué repetimos los mismos patrones o por qué se nos repiten las cosas?

Te daré una respuesta genérica porque yo sé que le servirá a todo el mundo.

A veces vivimos la vida como un círculo, pasando y repitiendo la misma y la misma y la misma historia.

No comprendemos el para qué repetimos historias, porque no somos plenamente conscientes de algo que es tan importante y es que estamos dormidos, tomamos decisiones supuestamente conscientes, pero todas las decisiones tomadas son inconscientes y muy pocas conscientes.

El programa que se nos va repitiendo en nuestra vida, podemos realmente tomar las riendas y decidir cómo quiero vivir mis experiencias.

Hay personas que repiten el mismo tipo de pareja una y otra vez, si terminan con una pareja que es alcohólica, vuelve y empieza con otra igual o peor, o con personas que repiten los mismos patrones, y a veces suelen atraer a sus vidas personajes con características similares a sus padres.

No es casualidad que te enamores o te encuentres con personas de una forma determinada.

No hay nada de lo que nos ocurre en nuestra vida que no lo hayamos pedido.

Piensas que si repites una historia y es mala lo tomas como castigo, pero ¡no! Nadie nos castiga por lo tanto si repetimos experiencias no las repetimos para sufrirlas, sino que las repetimos para trascenderlas, para hacer que lo que nuestros padres, abuelos, nuestro clan, no supieron o no pudieron tomar otras decisiones nosotros lo hacemos.

Por eso una de las cosas que debes tener en cuenta es que no se repiten las experiencias por un karma o por una cruz. No existe nadie ni nada que vaya poniendo cruces porque sí haces bien o sí haces mal.

Tú siempre tienes tu justo merecido. Pero ese justo merecido no es alguien que reparta castigos. Los castigos ya no lo repartimos nosotros.

Te voy a repetir el tema de las creencias, ya los has visto en los libros anteriores, pero es bueno recordarlo.

Las creencias

Las creencias conforman nuestra vida.

Hasta qué punto las creencias determinan nuestra forma ya no de vivir, sino de percibir el mundo, tú no debes ver el mundo como es, tú debes interpretarlo, y verlo como tú eres. Y eso tiene que ver con tu estado mental. Y no solamente eso sino que con tus juicios, habla más de ti que de la persona a la que tú le estés haciendo juicio.

Haz una inversión de pensamiento que ahora mismo te voy a explicar en qué consiste;

No veas nada, solo interpreta lo que ves y esa interpretación tiene que ver con tus creencias.

Déjame antes que todo hablarte de los conceptos.

Todos los pensamientos corrompen, nuestros pensamientos y conceptos nos mantienen esclavizados.

Por ejemplo yo te pregunto: ¿crees en **DIOS**?

Quizás sí, quizás no.

Lo primero que debemos hacer antes de contestar esta pregunta es saber qué concepto tenemos de Dios, y no todo el mundo tiene el mismo concepto de la palabra "Dios", por lo tanto no podrías contestar sí o no.

Hablemos de otro concepto: **La lealtad**

Qué debemos entender por lealtad. Cada uno tiene su concepto de lealtad y ese concepto también depende de tu cultura, de donde tú has sido educado, podríamos preguntar el concepto de **justicia**.

¿Qué entiendes por justicia? O concepto de **democracia**.

Por lo tanto, muchos utilizan muchas palabras pero no las viven o las interpretan de la misma manera, por lo tanto cualquier creencia está sustentada por conceptos.

Decir yo creo en Dios, no estás diciendo nada, porque la primera respuesta que debes darte es la de qué es para ti Dios. Debes entender cuando tú dices **Dios o democracia o lealtad**.

Porque estamos acostumbrados a hablar en **conceptos y simbolismos**.

Y eso determina unas creencias pero para otras personas no.

Una de las cosas que tienes que tener clara es que no son las hormonas ni los neurotransmisores que producidos por nuestros genes son los que controlan nuestro cuerpo ni nuestra mente, son nuestras creencias las que controlan nuestro cuerpo, nuestra mente y por tanto nuestra vida, y todo viene desde donde tú percibes el mundo.

Nuestras creencias no son racionales, son adaptativas

Debes dejar tus Viejas creencias y la forma como ves al mundo porque si quieres conocer el mundo donde entras, tienes que dejar tu mundo, pero ¿cuánta gente hace esa gimnasia mental?

Miles y miles van por el mundo con sus historias, haciendo juicio y criticando lo que ven y encima creyendo que lo que ven es verdad.

Nuestras creencias no se basan en un Sistema lógico de pensamiento, su función no es coincidir con la realidad, su función es adaptarse a todo.

Las creencias son introinyectadas desde la más tierna infancia.

A cuántas personas les han dicho esto no es para ti, esto es difícil o el dinero no se agarra de los árboles.

Cuántas cosas se llegan a decir que no son verdad, pero que la gente se lo cree, y eso determina la percepción y por tanto el comportamiento de las personas.

En nuestro subconsciente se encuentran patrones desconocidos por nosotros, y que en la mayoría de los casos, representan las trabas que nos impiden demostrar todo el potencial que tenemos, allí están instalados los no podemos, el yo no sé, esto no lo conseguiré, aquí no encajo, etc.

Todas esas limitaciones se instalaron en nosotros, el inconsciente es un almacenador de datos, guarda todo lo que percibimos a través de nuestros sentidos, nada es elección, archiva todo lo que recibe. Una vez que ingresó cualquier cosa que vimos, oímos o sentimos, esto se separa en áreas. Así tenemos dividida la información en la pareja, en el trabajo, los amigos etc.

A partir de esto se instalan los mecanismos de defensa de ese patrón mental y esos mecanismos tienen como objetivo hacer que ese poder mental se cumpla.

Mucha gente piensa que por repetir una y otra vez las mismas situaciones es un karma o un castigo.

Pero quiero explicarte algo para que me entiendas más y cómo se originan estos patrones que luego repetimos una y otra vez.

Todos tenemos esquemas de infancia.

Un esquema de infancia puede nacer a través de una palabra, a raíz de un acontecimiento, y se empiezan a repetir esquemas de comportamiento, luego crecen y tienen ciertos noviazgos, porque algunos noviazgos son el arte de engañar a ciertas personas cuando al inicio todo es perfecto todo es hermoso, y cuando se casan entonces sale a luz lo que realmente son. No lo que son, sino lo que quieren ser aunque no quieran. El caso es que repetimos historias o patrones de nuestros Padres o de quien fuimos criados o educados. Esquema de infancia es no concluir las cosas, y lo que comenzamos no lo terminamos.

Pero se puede detener ese círculo vicioso, se puede romper ese círculo.

Los seres humanos estamos llenos de esquemas.

Si tú comienzas algo, no importa cómo, cuándo o dónde lo debes terminar.

Hay muchos que empiezan libros y los leen hasta la mitad.

Tenemos que fomentar en nuestros hijos el buen esquema de que si comenzamos algo lo debemos terminar así cueste lo que cueste.

Tenemos que pagar el precio de las buenas cosas de la vida.

Te estaba diciendo que se pueden cambiar los esquemas.

Es increíble lo que una palabra puede hacer para generar un esquema o para sanar una herida. Las palabras tienen un poder increíble.

El mejor método para nosotros es rescatar una persona en la actualidad, y cambiar la situación y cortar con el círculo vicioso. Definitivamente para que esto suceda hay que comenzar con las palabras.

Si tú le dices a tu hijo que estudie para que sea alguien en la vida, le estás diciendo que sin estudios no es nadie, que el estudio es más que él o ella y eso le baja la autoestima.

Estudie o no tu hijo, ya es alguien y punto.

Sean cuales sean las notas o calificaciones que saque, lo debes amar porque es tu hijo y punto. Jamás lo ponga en el filo de una espada porque tu hijo es tu hijo independiente de lo que pase o haga.

El estudio fue creado para el ser humano no el ser humano para el estudio.

Y si logramos rescatar la identidad de nuestros niños, todo puede cambiar.

Hoy por hoy toda la juventud piensa que son lo que poseen.

Nosotros no somos un nombre, no somos una nacionalidad, no somos una nota calificativa nosotros no somos lo que tenemos, es lo que somos por dentro y lo que es por dentro es lo que importa.

Y por eso vivimos repitiendo historias en automático, estas historias vienen de la programación familiar.

Quiero, amado lector, que leas cuantas veces puedas esto que te voy a explicar, porque es muy importante que aprendas cómo dejar de repetir patrones o historias familiares y de paso te ayudará a una mejor formación para tus hijos.

He estudiado durante dos años este tema específico sobre los patrones familiares y el porqué repetimos una y otra vez las historias de nuestros padres o abuelos.

No nacimos para sufrir pero desafortunadamente creamos una programación mental errónea y esa programación es la que nos ha llevado a vivir una vida que no deseamos, pero todo va a cambiar a partir de que tú conozcas estos pasos y aprendas a cómo romper esos patrones y no seguir repitiendo y atrayendo lo mismo a tu vida.

Vamos por ello.

Te decía que repetimos historias en automático, hay un órgano que se llama **la conciencia sistémica** o **la conciencia familiar,** en este órgano está grabado, todo lo que ha pasado a cada uno de los miembros de tu familia. También está grabado todo lo que ha vivido el Sistema y cada uno de los sistemas a los que tú perteneces, y estos son como tu país, tu religión, tu familia. En este órgano se van grabando las historias y en automático las repetimos.

Sufrimos por estas historias porque las repetimos sin darnos cuenta, pero también tenemos el poder de cambiarlas, o sea, que solo por ser miembro de tu familia o de tu Sistema, tú puedes meter una nueva programación en este órgano y todos los miembros del Sistema tienen acceso a esta nueva programación y si deciden lo pueden descargar.

Así que sufrimos por el Sistema, pero también podemos participar transformando con amor lo que sucede en los sistemas. ¿Y cómo se puede hacer esto?

Ok, déjame explicarte las siguientes técnicas.

CÓMO NOS REPROGRAMAMOS.

Identifica el programa que te está haciendo daño.
Reconoce de quién de tu familia lo heredaste.
Crea un nuevo programa y luego lo transformas con amor.

El primer punto es identificar lo que te está haciendo daño, como por ejemplo que pienses que la vida es una lucha, me siento en peligro por algún motivo.

El Segundo paso es reconocer de quién heredaste esta forma de pensar de tu familia. En algunas familias han vivido violencia familiar desde los bisabuelos y o pobreza reuniendo miedos y frustraciones y esto se fue heredando de miembro en miembro.

El tercer paso es crear un nuevo programa y luego lo transformas con amor.

¿Qué quieres de este nuevo programa? Quieres sentirte a salvo, sentirte protegido o protegida, quieres sentir seguridad y confianza. Ok, entonces vas a hacer una transformación con amor.

Concéntrate en este paso.

Tú puedes cerrar tus ojos o dejarlos abiertos y vas a poner toda tu atención en esos tres pasos que acabamos de ver que son tus ancestros.

Ponte la mano en el Corazón para estimular el área de tu pecho, centra tu energía, visualiza a tus padres viéndote con Buenos ojos y a tus abuelos.

Luego de visualizarlos vas a decirles esto:

De ustedes aprendí que la vida era una lucha constante, he vivido muchos años así, les pido por favor que me miren con buenos ojos y me den sus bendiciones, para que yo viva sintiéndome protegida o protegido y a salvo, les pido por favor que me ayuden para que las cosas que pido se me den fácilmente sin luchar, les agradezco todo su apoyo y les agradezco todo su amor.

Llevo muchos años viviendo con esta sensación de lucha y de miedos y ansiedad para conseguir lo que deseo. Les pido, por favor, abuelo, abuela y todos aquellos ancestros que no conocí.

Les pido por favor que me vean con amor y que me den sus bendiciones para que yo pueda ir a mi vida con libertad sintiéndome a salvo. El precio que ustedes pagaron fue muy alto y ustedes sufrieron mucho, les agradezco que me hayan dado la vida y les agradezco su presencia y amor.

Ahora concéntrate en ver cómo te están viendo ellos, y míralos a ellos viéndote con mucho amor y muchas bendiciones, y que están de acuerdo que te liberes de ese patrón. De ese patrón de pensar que la vida es una constante lucha o de que en la vida hay peligros. Muchas gracias

Luego hazles una reverencia y dales el lugar a ellos de grandes y toma el lugar de pequeño o pequeña y siente cómo te invades de amor y de bendiciones de ellos.

Tú puedes usar cualquier palabra, no exactamente las que yo te puse ahí. Solo es de acuerdo a los patrones que tú identifiques que se están repitiendo y que son originarios de tu familia.

Lo que te puse fue un ejemplo para que hagas el ejercicio

o una guía general y tú puedes usar palabras diferentes.

Hay ciertos elementos importantes, es reconocer el patrón negativo, crear uno nuevo, pedirles permiso, imaginar, visualizar y sentir que te lo dan y que te miran con mucho amor.

¿Cómo sabes si ya se integró el ejercicio?

Porque eso es lo que sientes, sientes que te están bendiciendo cuando tú lo haces diferente a ellos, sientes que ellos están de acuerdo con que tú seas una persona que vives una historia diferente.

Así es como te das cuenta de que has liberado el patrón.

Te felicito porque has hecho un excelente trabajo.

TODOS SOMOS MAESTROS EN LA VIDA DE TODOS

Cuántas veces te ha pasado que te molesta lo que otras personas vienen a decirte algo sobre ti o te molestan muchas cosas de otras personas que están frente a ti.

Hay algo y es que subconsciente le cuesta volverse consciente.

Y todo esto hace que te opaques de una forma para protegerte. La cantidad de maneras que tenemos de autosabotearnos por miedo, la cantidad de veces que ante el miedo al fracaso no nos arriesgarnos. Por ejemplo muchas personas no asumen una relación por miedo al fracaso.

Saben que pueden lograr todo para conquistar pero cuando llega el momento del compromiso huyen porque tienen un miedo que lo llevan en el inconsciente colectivo, pero que eso no te limite.

En la dependencia existen las dos polaridades, por un lado la polaridad dependiente del extrovertido pero está siempre mendigando amor, buscando reconocimiento de los demás, siempre regalándose, dándose, siempre haciendo cosas compulsivas por los demás para que los quieran.

Estos son los que siempre están buscando la aprobación externa y están siempre tratando de agradar y de complacer para que los quieran.

Pero si este es tu caso, tú puedes identificar ese patrón y sanarlo, equilibrarte y entrar en sanidad y dejar de tratar de agradar ser amable, y todo esto para el reconocimiento.

Pero en el caso de la otra polaridad es todo lo contrario, son los que le tienen miedo a la gente, que van como con una coraza, que no se abren, que no se exponen, y si están con alguien se sienten invadidos.

Tienen los mismos miedos, en la misma vibración pero en diferente polaridad.

Esto ocurre cuando eran niños con algún tipo de dependencia y por el primer lado que son aquellos que buscan reconocimiento y mendigan amor, fueron niños abandonados y no se les prestó atención.

En el Segundo lado fueron niños demasiado invadidos, que quizás su madre siempre estuvo ahí encima, con expectativas igual su padre, siempre los invadieron no los dejaron ser libres, los coartaron. Entonces desde niños se sentían como que no les dejaban su espacio, su libertad y ahora que son adultos son muy independientes pero de una forma falsa porque son muy dependientes, pero también marcan las distancias, se sienten invadidos, ordenan, mandan, dominan, tienen una coraza protectora de falsa Fortaleza y enseguida atacan.

Entonces, como la vida es tan mágica pone juntos a un dependiente que mendigue amor, que quiera agradar, que llame la atención, que siempre está pendiente de los demás con alguien que se siente invadido, que se ha hecho una coraza, que se comporta de forma arrogante, dominante incluso autoritaria y que nunca está satisfecho con nada. Y por eso la vida los pone juntos para que se equilibren.

El complaciente va a tratar de agradar al otro y el otro nunca va a tener suficiente porque es súper exigente desde consigo mismo, porque son súper perfeccionistas, le va a estar tirando el autoestima continuamente al otro y además siempre se va a sentir invadido, de modo que van a estar en un juego de equilibrarse.

El complaciente se va a dar cuenta hasta qué punto está fuera de sí y tratando de buscar la aprobación fuera y no la va a obtener del otro. Y el otro se va a sentir invadido y va incluso a abusar porque el complaciente está complaciendo al ser abusado.

Siempre es un juego mutuo, un juego de espejos, en el que ambos son corresponsables.

Para sanar esto la única opción es asumir el 100% de la responsabilidad de nuestra existencia.

Si nosotros pensamos que sanando es cambiando de pareja o culpando al otro, pues nunca lo vamos a solucionar porque la única forma de solucionarlo es mirándonos a nosotros mismos, y viendo cuál es la parte de oscuridad que nos está manifestando esto, porque todos, todos somos inocentes, todos lo hacemos lo mejor que podemos, pero la única forma de sanarnos, de evolucionar y no quedarnos estancados en patrones destructivos que la vida nos va a repetir y repetir es haciendo un ejercicio de introspección, honestidad y dándole luz a la oscuridad.

Es decir, haciendo consciente el inconsciente y de esa manera lo transmutes y dejas de ser una persona complaciente para ser una persona asertiva, con autoestima, equilibrada, para ser una persona serena y sobre todo para ser una persona que se valora y que ya no se ofrece a cualquiera que se le aparezca en frente deseando tenerte al instante, sino que aprende a elegir, a discernir, a identificar la diferentes energías, ya no permite que abusen, que le manipulen, que le controlen en esa búsqueda de afecto, sino que aprende a diferenciar y a ver cuándo alguien va con intenciones de manipular o cuándo alguien llega para exprimirlo y ya no lo permite y aprende a relacionarse desde la igualdad.

Porque el amor se da en la igualdad, solo cuando hay igualdad hay amor real. Si no hay igualdad entonces es porque hay dependencia.

Entonces todos nos vamos sanando en ese mutuo choque, en esos espejos en las cuales uno y el otro nos mostramos la oscuridad y todos somos corresponsables de lo que pasa.

No debemos pensar cómo debemos tratar a los otros, porque no hay otros, todo lo que vivimos es nuestra proyección, es la vida que estamos proyectando desde nuestro inconsciente y todas las personas con las que nos relacionamos son el espejo de nosotros mismos y de nuestras partes no sanadas, y es muy difícil verlo porque si lo vemos con los cinco sentidos, pues nuestra razón nos dirá que somos seres separados e individuales y todos tiene personalidades distintas.

Pero no estamos separados, parece que lo estuviéramos pero no lo estamos. Todos estamos interconectados y todos nos estamos mostrando unos a otros en la peli de nuestra vida, y es justo lo que necesitamos para sanar.

Por ejemplo, si tú recibes comentarios negativos de ti de otra persona que no tienen nada que ver contigo, como por ejemplo que eres egocéntrico porque tú mismo hablas bien de ti, o que eres prepotente, significa que puede que la otra persona no acepte tu éxito o tu personalidad, pero... ¿por qué está en tu vida opinando? Porque ese es el miedo de lo que tú te quieres convertir.

Y no es que pienses de ti mismo que eres todo eso, pero si sientes en el fondo que alguien pueda llegar a pensar eso de ti en un momento dado.

Entones esa otra persona te está impulsando.

Otro punto es que cuando sientes constante miedo de no fallarle a alguien, eso te hace vivir condicionado a tus propios deseos. Y esos miedos terminan luego materializándose por medio de alguien o de algo, y eso te llevará siempre a tomar decisiones en tu vida más pendiente de lo que los demás esperan de ti que lo que realmente tú desees, necesites o esperes. Por miedo a ser egoísta, a ser mala persona terminas atrayendo esos miedos.

Lo que quiero que comprendas con esto es que el otro eres tú, y que los miedos que tú sientes la otra persona te lo trae a ti, para que tú lo puedas trabajar y sanar de manera consciente.

Siempre aparecerán personas que te confrontarán con algo que tú no quieres vivir porque vivirlo te hace más libre, más íntegro y más poderoso porque te permite estar más pendiente de ti, de tu corazón, de escucharte de expandirte, de amarte.

Tienes que amarte a pesar que haya muchas personas enojadas contigo.

Tienes que tener un equilibrio y está bien ser espiritual pero debes saber que también estás en lo terrenal.

Recuerda siempre que la otra persona que está frente a ti te está mostrando tus miedos, tus inseguridades, te está llevando a confrontarte con tus temores.

A veces en el espejo de nuestra vida vemos cosas que tal vez pensamos que no tienen nada que ver con nosotros, y claro que no porque ya tienes un despertar y estás conectando más con la luz, estás evolucionando, pero necesitas enfrentar tus miedos y necesitas ser más inconsciente y más oscuro en el espejo de tu vida que haga el teatro de retarte y mostrarte justo eso que tú no quieres vivir, porque tú vives condicionado con el miedo a que eso ocurra, y cuando eso ocurre, te libera y todo eso que no quieres que ocurra tiene que ver con los escenarios y traumas de nuestra infancia.

Muchas personas que son abandonadas o viven con ese temor de serlo es porque de niños vivieron esos abandonos.

Si sientes miedo a ser criticado es porque de niño fuiste muy criticado, o que no quieres decepcionar porque piensan que eres mala persona, tiene que ver que alguien en tu infancia te juzgó por algo.

Todo lo que hacemos al final tiene que ver con esas heridas que nosotros tenemos de nuestra infancia. Por eso hemos de tratarnos a nosotros con mucha, mucha pero mucha ternura y amor.

Y cuando aparezca alguien que te plantea el escenario que estás tratando de evitar en lugar de engancharte con la experiencia, vas a tratar de observarlo desde la neutralidad y observar que esas experiencias te están alimentando para conectar con tu fuerza, con tu potencia, y con tu sanación.

Si lo vives desde ahí ya podrás transmutarlo y convertirlo en amor.

Así, amado lector, debes abrirte a vivir cada experiencia sin rechazarla porque cada experiencia te está mostrando exactamente lo que necesitas para tu evolución y cambio y para convertirte en ese ser todo poderoso que eres en esencia, y trátate con mucho amor, mucho cariño, mucha dedicación.

Porque si tú no lo haces por ti, nadie, pero absolutamente nadie, lo hará por ti.

Y todos esos que te juzgan que te critican que te dicen que no vales, que no sirves, dales las gracias y bendícelos porque gracias a ellos, te estás enfrentando a tus demonios, porque son un reflejo de tus demonios internos, y te estás convirtiendo en alguien mucho más poderoso, mucho más fuerte y mucho más capaz.

Ya tienes herramientas muy válidas para que descifres la otra persona que tienes frente a ti y por qué son nuestros maestros.

A veces en la vida ya hemos visto demasiados patrones disfuncionales que es necesario que te quedes un tiempo solo, porque cuando hay muchos rasgos de dependencia, dejas de actuar desde el amor y empiezas a actuar desde el miedo.

No confundas ser amable, generoso y querer ayudar a todo el mundo pensando que lo haces desde el amor, porque lo estás haciendo como una forma de manipulación y de control. Hasta que tú no sanes la dependencia y la falta de amor y autoestima, entonces vivirás repitiendo las mismas situaciones, comportándote de la misma forma y atrayendo las mismas personas a tu vida.

Pero debes ser muy honesto contigo mismo para superarlo, porque la mayoría de los seres humanos piensan que son muy buenos. Y a todo esto es a lo que le llamo comportamientos dependientes.

Por eso la vida nos lleva a abrirnos a nosotros mismos para tener honestidad y luz en todo ese tipo de comportamientos y hábitos disfuncionales, y de ese modo sanarnos a través de la soledad.

Pero si llega un momento en que no aceptas estar solo, vas a atraer todo lo peor, porque estás vibrando en esa frecuencia de codependencia, porque hasta que no aceptes lo que eres y aceptes la soledad y que lo necesitas, porque por mucho que lo veas en el exterior, debes sanarlo dentro de ti.

Pero si no estás preparado, la vida no te trae nada de lo que esperas o deseas tener porque debes emplear el tiempo es en ti primero y sanarte tú.

Y debes salir de ese tipo de relaciones carentes, de necesitar, buscar, aceptar, porque eso te va a llevar a sufrir.

Yo era una de las personas que no podía terminar una relación sin tener lista otra, y así me pasé la mayor parte de mi vida y no solo pasando de relación en relación, sino atrayendo los mismos patrones y las mismas situaciones a mi vida. Siempre eran relaciones tóxicas y codependientes o muchas veces donde yo era demasiado utilizada por ellos.

Tuve dos matrimonios en mi vida, y lo más curioso fue que repetí la misma historia en ambos.

Dos hombres con problemas similares, donde fui manipulada, controlada y al final abandonada.

Pero el problema no eran ellos, ni eran malas personas. Como te dije anteriormente, el Universo es tan perfecto que te pone las mismas situaciones una y dos y más veces hasta que tú logres identificar cuáles son tus carencias y cuál es esa parte vacía que debes trabajar en ti para ya no atraer más este tipo de parejas o de situaciones.

Por eso te digo y les digo a todos en mis conferencias que todos somos maestros en la vida de todos.

Vivimos buscando llenar nuestros vacíos en otras personas o poniendo nuestra felicidad en la gente.

Todo absolutamente todo está dentro de ti, y cuando tú tengas un despertar de consciencia y te hagas responsable de tu vida al 100% y no busques más fuera lo que hay dentro de ti y aprendas a amarte, a nutrir tu espíritu, tu vida y tu ser, entonces vas a empezar a atraer todo lo que sueñas y deseas a tu vida porque ya será un amor consciente, sin apegos, sin necesidades y sin egoísmo.

Pero recuerda que todo empieza y todo termina en ti.

Un día decidí identificar esos patrones que se me repetían y empecé a investigar mucho por medio de libros y seminarios, asistía a conferencias donde estudiaba mucho el cerebro y las conexiones humanas, que eran los patrones, que era una creencia y que eran un paradigma, y porque todos estos factores controlaban mi vida y cómo era su mecanismo de defensa y cómo trabajan en nuestra vida afectando nuestras decisiones y nuestra realidad.

Estuve asistiendo con psicólogos para que me explicaran estos temas, pero no fue posible encontrar las respuestas que buscaba.

Hasta que por fin en el libro ABRIENDO PUERTAS DE BENDICIÓN del autor LAIN GARCÍA CALVO, pude encontrar absolutamente todo lo que buscaba y entender cómo funciona la mente de Dios y cómo podemos conectar como Él, también aprendí cómo se crea un patrón, luego una creencia y luego el paradigma.

Una vez habiendo aprendido y estudiado minuciosamente todos estos temas, pude entender e interpretar todo lo que estaba pasando en mi vida.

Empecé a trabajar en mi autoestima y en mi amor propio.

Para eso debes tomar un tiempo para ti solo o para ti sola y reencontrarte contigo mismo, llenar de amor tu alma y tu ser. Pararte todos los días frente al espejo desnudo y hablarte mirándote a los ojos y decirte lo maravilloso que eres, eres amado, bendecido, admirado y repetirte todo lo que deseas y quieres que suceda en tu vida.

Háblate con amor, con ternura, y empieza a sentirte merecedor de todo lo bueno y todo lo que Dios tiene para ti.

Tú lo vales, eres grande y viniste a sobresalir por encima de todos y a dejar una huella imborrable en la vida. Empieza a impactar tu vida con tus cambios. Si tú cambias, todo cambia y todo en tu vida será una experiencia maravillosa.

No tengas miedo de brillar ni tengas miedo de sobresalir, no te detengas para amarte y llenarte de valor y coraje para ser quien realmente sueñas ser.

Todo lo que tú vives en tu vida, empezando por las personas, las relaciones, los lugares, los trabajos, absolutamente todo lo que vives es lo que tú atraes a través de tus pensamientos y creencias. Así que empieza a identificar y a cuestionar tus creencias limitantes y a trabajar en ellas para que puedas eliminarlas de tu subconsciente y crear nuevas que te lleven al éxito total en tu vida.

A continuación te voy a ayudar a identificar esas creencias que te limitan avanzar o que te hacen vivir en un mundo equivocado donde tú piensas que esa es la verdad.

Pero recuerda que Jesús nos decía: "**CONOCE LA VERDAD Y SERÁS LIBRE**"

Pues bien,

Vamos entonces a identificar esas creencias y a partir de ahí vas a empezar a ver cómo tu vida, tu entorno y tus relaciones cambian y hasta tu economía.

IDENTIFICA TUS CREENCIAS LIMITANTES

«El cerebro es el órgano más complicado del universo. Hemos aprendido mucho sobre otros órganos humanos. Sabemos cómo el corazón bombea y cómo el riñón hace lo que hace. Hasta cierto punto hemos leído las letras del genoma humano. Pero el cerebro tiene 100 mil millones de neuronas. Cada una de ellas tiene unas 10.000 conexiones».

FRANCIS COLLINS

*Y*o voy a ayudarte a identificar estas creencias pero tú debes estar abierto al conocimiento y tener hambre por saberlo, debes de ser consciente para poder trabajar tu subconsciente y que puedas lograr despertar del mundo en el que estás y del programa que has creado en tu mente, que es justo lo que no te ha dejado avanzar más a otros niveles en la vida. El despertar es un proceso donde adquieres muchas herramientas para que las lleves a cabo con constancia porque es un proceso de toda la vida.

Empezarás a entrar en un estado de consciencia aquí y ahora y te empezarás a dar cuenta de que eres un cuerpo físico, que también tienes algo dentro que le llamamos Espíritu y esa combinación la logras ver desde afuera por unos segundos.

Y todo esto lleva a funcionar nuestra vida a través de unas creencias que se forman un paradigma y empieza así:

Una creencia limitante es una afirmación consciente o inconsciente que te repites una y otra vez en tu diálogo interno, y que si no identificas a tiempo puede acabar haciéndose realidad.

A menudo nuestras creencias limitantes proceden de cosas que nos dicen otras personas, por ejemplo si tu madre o padre te dijeron siempre que eras desordenado, probablemente al día de hoy tú te lo sigues repitiendo, y eso no es no es que tu madre o padre lo crea así, pero, sin embargo, tú lo has asumido como cierto y al repetírtelo una y otra vez, seguramente te has convertido en eso.

Debes practicar un ejercicio muy sencillo y es:

Observar en tu interior para identificar algunas de tus creencias limitantes.

Yo te voy a ayudar a identificar algunas de ellas y te iré guiando para que sepas dónde encontrarlas.

El primer tipo se refiere a las creencias de **capacidad,** es decir, aquellas que te hacen que cuestiones constantemente ¡si eres capaz!

Ahora trata de identificar 3 creencias limitantes de capacidad como estas:

    1 – en el contexto personal.

2 – en el contexto social.

3 – en el contexto profesional.

Un ejemplo de creencias de capacidad son:

EN LO PERSONAL: "no soy una persona inteligente".

EN LO SOCIAL: "me pongo nervioso cuando hablo con personas desconocidas".

EN LO PROFESIONAL: "nunca sabré hablar bien inglés a nivel profesional".

El Segundo tipo hace referencia a las creencias de **posibilidad**, es decir, todas las que emanan de la pregunta ¿es posible?

Identifica tus 3 creencias limitantes de posibilidad en los mismos 3 contextos anteriores.

El personal, el social y el profesional.

Ejemplos de creencias limitantes en posibilidad:

EN LO PERSONAL: "no tengo dinero para tomarme unas vacaciones".

EN LO SOCIAL: "No tengo tiempo para estar con mi familia".

EN LO PROFESIONAL: "conseguir un buen puesto de trabajo hoy en día es complicadísimo".

El tercer tipo hace referencia del **merecimiento,** es decir, todas las que se derivan de la pregunta... ¿me lo merezco?

Identifica las 3 creencias limitantes de merecimiento en los mismos 3 contextos, personal, social y profesional.

Ejemplos de creencias limitantes del merecimiento:

EN LO PERSONAL: "con mi pasado no tengo derecho a ser feliz".

EN LO SOCIAL: "no merezco que me quieras tanto".

EN LO PROFESIONAL: "Como no estudié cuando era joven, ahora me toca conformarme con trabajos esclavos".

¿Ahora bien, te ha costado identificar estas 9 creencias limitantes o te ha parecido sencillo incluso más de 9?

Ya que las tienes, dedícate unos minutos de autorreflexión y hazte consciente de que todas y cada una de estas creencias están limitando tu éxito y tu felicidad, por lo tanto toma la decisión de prescindir de ellas.

Las creencias son como un programa de computadora. Puedes tener la mejor computadora, el mejor procesador, y la mejor memoria del mundo, pero si el programa que tienes instalado no es bueno, entonces esa máquina no está siendo aprovechada al 100% y pasa exactamente lo mismo con nosotros los seres humanos. Podemos ser extremadamente inteligentes, capaces, tener una gran memoria, pero cada día que nos levantamos cargamos todas las programaciones mentales que están en nuestra mente y que de alguna forma fuimos aprendiendo a lo largo de nuestra vida.

Las creencias son verdades que las instalamos en nuestro cerebro por repetición, si tú hace dos o tres veces algo y alguien se burla de ti, tú creerás que no eres bueno para eso. Y también instalamos creencias por generalización, si vivimos o sentimos en algunos lugares que personas han perdido dinero invirtiendo, pasamos a creer que invertir te hace perder dinero, o que la gente que invierte pierde dinero, o que la gente que invierte en cierta cosa pierde dinero.

Pero te voy a ayudar a que a partir de hoy puedas cambiar tus creencias.

Las creencias las podemos clasificar rápidamente en 2 grupos.

Las creencias que son fortalecedoras que son las que nos llevan en dirección a lo que realmente queremos para nuestra vida, y las creencias que son limitantes, que son las que nos dejan en una postura total de víctima sin poder hacer nada ante las circunstancias, y no nos hacen cambiar en la dirección de lo que queremos.

Independientemente de que cambies de familia, de profesión, de tus amigos o que cambies de país, si no cambias tus creencias, tus resultados tienden a repetirse a lo largo de tu vida.

Según la neurociencia, más del 90% de las acciones que tomamos son inconscientes, y no por la mente racional. Y si nuestro inconsciente está lleno de creencias limitantes, de emociones, de tristezas, de culpas, de rabias y llenas de pensamientos contaminados, esos pensamientos van a hacer que tomes unas decisiones y que generes creencias también contaminadas de toda esa negatividad y nos van a llevar por un camino que si pudieras elegir conscientemente, tal vez no es lo que te gustaría para tu vida.

Así que piensa quién eres, qué puedes lograr, qué es lo que mereces.

Las ideas que tú consideres como ciertas son las que van a hacer que tengas un tipo de comportamiento y ese comportamiento te va a llevar determinado tipo de resultados acorde y justamente con tus creencias, y este ciclo del que acabo de hablar, creencias, conductas y resultados puede ser virtuoso y los resultados que estás obteniendo en tu vida son los que realmente deseas, o puede ser un ciclo negativo en el que los resultados que estás obteniendo en tu vida no son tan buenos como te gustaría, independientemente en el área de tu vida que sea.

Las creencias son determinantes, y si tienes creencias limitantes, por ejemplo en lo profesional, vas a ganar poco, si tienes creencias limitantes en lo amoroso no vas a sentirte amado, si tienes creencias limitantes con respecto a la salud, vas a pasar de una enfermedad de una atrás de la otra.

Y si tienes creencias limitantes con tus capacidades, vas a tener resultados muy por debajo de lo que en realidad podrías.

No importa cuán inteligente seas, cuánto dinero tengas, no importa cuánto conocimiento tengas.

Si el conocimiento hoy en día es muy accesible, pero pones atención en la vida, nunca es el 100% de las personas que realmente tiene éxito, incluso personas que tienen acceso al mismo conocimiento. O que son compañeros de estudio, que uno tiene resultados extraordinarios y el otro ni siquiera tiene resultados para su día.

No se trata de ignorancia, se trata de creencias.

Las personas somos viciadas en nuestras creencias, porque de alguna forma nos traen confort, y nos traen resultados previsibles y nos encanta el confort aunque esto no nos ayude en lo más mínimo para nuestra vida, y en nuestra parte más primitiva de nuestro cerebro no nos interesa ni que sea más feliz ni que tengamos éxito, nos interesa que sobrevivamos.

Todo lo que de alguna forma racionalmente está mal, inconscientemente puede estar cumpliendo algo positivo.

Por así decirlo.

Así que toda creencia está en ciclo y tiene una función positiva en tu mente.

Aun cuando se instaló tenía un sentido, aunque sea el sentido de que sobrevivas y de que mantengas una sobrevivencia para adelante.

Es muy importante descubrir cuáles son tus creencias limitantes, porque si no es como luchar contra un enemigo que desconoces.

Cuando reconoces cuáles son tus creencias limitantes, ya tienes el 50% de la batalla ganada.

Y te preguntaras de nuevo... cómo descubrir tus creencias limitantes.

Ya sabes que es través de los resultados que estás teniendo en tu vida, o puedes descubrirlo a través de las emociones que estos resultados te generan.

¿Te generan felicidad? O te generan resultado de frustración, angustia, resentimiento.

Y para descubrir también esas creencias puedes prestar atención a esta 4 palabras porque detrás de ellas se esconden creencias.

Las palabras:

NUNCA.

SIEMPRE.

TODOS.

NADIE.

Estas palabras son bastante extremistas, y nos llevan a falacias lógicas en las que generalizamos, y creemos que algo es cierto aunque tal vez no lo sea y sea solamente una creencia.

El hecho de que hayas fracasado 7 veces no significa que si sigues intentando vas a seguir fracasando, por ejemplo hay gente que si no da el siguiente paso, porque si tiene éxito los amigos, la familia lo van a empezar a criticar.

A veces ponemos el freno de mano de alguna forma porque nuestra pareja, o nuestros amigos, no sentimos que nos van a poder acompañar y para no alejarnos, seguimos como atrancados.

Cuando esperas algo afuera de ti, las cosas se dificultan y nos hacen justamente limitantes.

Si estás esperando a tu socio, a tu familia, a tu pareja, cualquier cosa que esté esperando afuera, es un freno que puedes tener puesto en tu cabeza que te impide actuar y mejorar.

Hay mujeres que creen que no tienen tiempo, por ejemplo porque prefieren hacer más cosas que los hombres, hay otras personas que el sistema educativo las condicionó a que eran malos para matemáticas o para alguna materia y creyeron toda su vida que eran malos para eso, y como resultados de sus creencias, obtuvieron resultados malos en esa material.

Te estarás preguntando si es posible destruir una creencia limitante. Yo te digo ahora mismo que sí.

Déjame explicarte esto que vas a entender muy fácil y vas a darte cuenta de qué tan fácil es destruir esas creencias limitantes.

Las creencias cuando fueron creadas tuvieron sentido o vinieron de una persona de la que respetábamos como nuestros padres o un profesor que tuvimos y que admirábamos. Si ya no te sirve más esa creencia, tal vez sea el momento de reemplazarla y antes de darte el siguiente paso para eliminar o para reemplazar creencias limitantes es importante entender lo siguiente.

Hay creencias que son profundas, y hay varias disciplinas que trabajan con resignificación de creencias y una de ellas es la ayuda de un coaching, pero también hay unas que si las trabajas rápidamente conseguimos cambiar los resultados que tenemos en nuestra vida, y esto que vas a leer ahora son los siguientes pasos que precisas seguir para identificar la creencia primero y después reemplazarla y cambiarla.

Para cambiar tu creencia limitada entonces el primer paso es detector cuál es el pensamiento o cuál es la creencia limitante, identificarla de la forma más concreta posible. Qué creencia limitante tienes, qué tienes que cambiar, y está siempre por detrás de algún comportamiento que quieres cambiar y para encontrarlo puedes preguntarte, por qué estás haciendo eso o por qué manteniendo ese tipo de hábitos.

El Segundo paso es tomar conciencia de los resultados que están atrayendo esas creencias limitantes para que sepas qué consecuencias tienes, qué te está limitando esa creencia y que estás perdiendo por ella y también qué estas ganando con ese pensamiento.

Tal vez lo que estás ganando no te des cuenta y es bastante profundo, pero tal vez sea, no sentirte juzgado o no tomar responsabilidad o no arriesgarte. Qué es lo que hay de bueno en esa creencia que hace que la sigas manteniendo a lo largo del tiempo.

Busca porque seguro hay en algún lugar muy profundo de tu cerebro, de tus pensamientos, un motivo o un beneficio, y que es importante para ti seguir con esa creencia porque en el fondo tiene intención positiva.

El cuarto paso es hacer una lista de todo lo que esa creencia te está pidiendo realizar.

El quinto paso es pensar si todo es así, porque tal vez ahí te des cuenta de que fue una generalización y que no era todo así o que no todo el mundo creía eso que tú creíste.

Somos millones de personas en el mundo y no todos tenemos las mismas creencias.

El sexto paso es elegir un nuevo pensamiento o una nueva creencia potenciadora que te lleve en la dirección de lograr lo que realmente quieres para tu vida.

Y el séptimo paso es sustituir esa antigua creencia por esta nueva creencia y aquí la clave es práctica y repetición.

Creamos nuevas conexiones neuronales, con pensamientos nuevos, por repetición.

Es necesario que pienses de manera consciente la nueva creencia, durante algún tiempo para que de la parte consciente se vuelva al inconsciente y se ponga en automático.

Y lo que te puede ayudar y servir es por ejemplo que cada vez que pienses en un asunto, ahí vas a pensar en esa creencia nueva, lo vas a escribir y poner en lugares que por donde pases lo vas a recordar y cuanto más la puedas repetir y cuanto más puedas hacer rituales de repetición, más instalada va a quedar esa creencia en nueva. Antes se decía que se necesitaba de 21 días, pero estudios más frecuentes de neurociencia dicen que crear un nuevo hábito, crear un nuevo pensamiento y que pueda quedar instalado puede durar hasta 66 días.

Y eso va a depender siempre de la práctica, de la repetición, de la persona, y de la creencia, así que es bastante subjetivo, pero que trae resultados.

Desde que yo empecé a identificar mis creencias limitantes y empecé a diario a trabajar en ellas, puedo decirte que toda mi vida ha cambiado en todas las áreas de mi vida, y cuando no obtengo los resultados que deseo, yo ya sé que hay algo que trabajar en mí que está bloqueando ese resultado que espero tener.

Las creencias son las que te hacen andar a una dirección o a otra, por ejemplo si tú estás parado en una plaza donde hay muchas direcciones que tomar, y tú vas a moverte en una dirección en base a las creencias que tengas. Tomas la calle de la izquierda porque crees que puede ser mejor para lo que tú quieres hacer. O tomas la calle derecha porque crees que por ahí vas a encontrar lo que buscas. Entonces todo lo que haces es en base a tus creencias por lo tanto es imposible vivir sin creencias porque una persona en medio de una plaza sin creencias no haría nada, se quedaría parada.

¿CÓMO SE FORMAN LAS CREENCIAS?

e forman por generalización, distorsión y eliminación.

Si tú ves el último año que has vivido y en relación con ese último año independientemente de lo que haya pasado en ese año, tú puedes decir si ha sido bueno no muy bueno, malo o muy malo. Pero esto no tiene nada que ver con cómo fue tu año efectivamente puede ser que te hayan ocurrido algunas cosas puntuales desastrosas.

Tú no tienes un mal día si no tomas algo malo que te haya ocurrido en la mañana y lo llevas todo el día en tu cabeza. Si no lo traes a tu momento presente y lo eliminas en el momento que ha ocurrido y sigues tu día de la mejor manera posible sin permitir que ese mal momento dañe tus siguientes horas.

Tú puedes seguir adelante con actitud positiva, sacando todo lo maravilloso que llevas dentro de ti, así que un día malo no es más que mantenerlo todo el día lo malo que te haya ocurrido.

Igual pasa con el siguiente año de tu vida.

Debes pasar página y seguir adelante y puedes lograr un año fantástico por muchos malos momentos puntuales que hayas tenido en el interior.

O viceversa, si has tenido muchas cosas buenas pero te centras en solo lo malo pues vas a opacar todo lo bueno que aconteció.

Entonces cómo se forma una creencia, (generalización, distorsión y eliminación).

Un ejemplo, si tú dices que el año pasado para ti fue muy muy malo, entonces lo que estás haciendo es enfocarte, fijarte en unos hechos muy malos, y lo estás valorando más que todos lo demás.

Es lo mismo cuando un hombre dice que todas las mujeres son malas, o una mujer decir que todos los hombres son malos, entonces están **generalizando** porque no todo el mundo es malo.

Ok, el paso o la forma para desmontar una creencia también es haciendo preguntas, como por ejemplo… ¿todos los días del año pasado han sido malos para ti? Y claro que vas contestar que no, todos los días no, por supuesto.

¿O todos los hombres son malos realmente? ¿O todas las mujeres son malas?

¿No conoces ninguno que sea bueno? ¿O una que sea buena?

¿Tu padre? ¿O tu hermano? ¿O un vecino, un compañero que sean buenos? ¿Un escritor que admires? Un maestro, en fin, igualmente con las mujeres.

Entonces en la medida que tú digas "todos" lo que estás haciendo es generalizar.

Y cuando tú dices que el año pasado fue muy malo, estás **eliminando** los días Buenos, e incluso estas **generalizando** y **distorsionando** en realidad lo sucedido.

En el momento que tú tomas coges una creencia que no te interesa y la mantienes mucho en el tiempo, esto te produce un convencimiento total, y esto se convierte en un dogma para ti, se convierte en una verdad irrefutable, no te interesa mantener en el tiempo todas estas creencias que son negativas, y que no te sirven para nada.

Entonces la forma de desmontar una creencia negativa es haciendo preguntas en relación con esta creencia. Lógicamente si todos los hombres y todas las mujeres no son malos y todos los días del año pasado no fueron malos, quizás podrías referirte al año pasado como en el que hubo algunas cosas malas, o algunos hombres con los que he tenido malas experiencias. Y hacer hincapié en lo bueno.

Entonces debes eliminar esas creencias limitantes, porque esto va a marcar tu relación con todos los hombres que conozcas o las mujeres que conozcas de aquí en adelante, y si piensas en lo malo, eso aumenta las posibilidades que el siguiente año también sea muy malo o peor que el anterior.

Recuerda que la energía que generas va y vuelve.

Esa misma energía que estás generando y estás emitiendo, la vas a recibir.

Tu creencia te limita a ver lo bueno o atraer lo bueno, aunque hay momentos buenísimos, hombres excelentes, mujeres fantásticas. Tu creencia lo limitará y solo recibirás constantemente lo que tú crees que es.

Estas ideas negativas de alguna manera las podemos trabajar como creencias limitantes. ¿Por qué son limitantes? Porque van a hacer que tú pongas tu foco en cosas que no te interesan.

La forma en la que se crea esa creencia se desmonta de la misma manera.

Y recuerda que nada es malo, porque todo te sirve para aprender y otras de las creencias irracionales que tenemos que desmontar es que cuando se tiene una ruptura de pareja es un fracaso, entonces si tienes varias rupturas de pareja serías un fracasado, y entonces la sociedad te ve como un fracasado. Pero la nueva creencia que vas a posicionar es que has tenido varias rupturas pero eso te ha permitido llegar hasta el punto en el que estás ahora, tienes mucha más sabiduría y conocimiento sobre esos temas, y cada vez lo harás mejor, mejor y mejor.

De hecho muchísimas personas que tienen éxito económico, los grandes ricos y reconocidos de grandes empresas mundiales, muchísimas personas que tienen un éxito gigante, normalmente tienen un pasado de equivocaciones, de errores, de fallos, de negocios que han salido mal, entonces a cada negocio que ha salido mal, se sabe que están es aprendiendo más cosas. Pues es en esto en lo que consisten las creencias.

Las creencias son las que mueven tu vida.

Para eliminarlas es atacándolas con preguntas y cuestionarlas y eso te va a llevar a entender que realmente nada es malo.

Cámbialas y que no sean limitantes sino empoderantes.

Te voy a hacer una lista de algunas y tú las cuestionas en tu mente, si analizas y te das cuenta que tú las tienes, entonces es momento de cambiarlas usando todas las herramientas que te he dado anteriormente y vas a ver los cambios en tu vida.

Yo he venido al mundo para sufrir.

Yo merezco ser castigado.

A la gente no le gusta estar conmigo.

El amor es un sufrimiento.

Ninguna terapia va a ser capaz de curarme.

Quien no sufre no ama.

No se puede tener mucho dinero y ser Buena persona.

Si consigo lo que quiero perderé algo.

Si sufro en la vida obtendré recompensa.

Soy insignificante, no existo, no me ven.

Para que haya ricos tiene que haber pobres.

Nadie da algo sin esperar algo a cambio.

La felicidad es para los ricos.

Ya estoy muy Viejo para encontrar trabajo.

Ser bueno tiene que aguantar y sufrir por lo demás.

No valgo nada.

Hay algo más fuerte que yo que no me deja avanzar.

Mi pareja me va a dejar tarde o temprano.

Las mujeres son todas iguales.

Y así hay miles y miles de creencias limitantes que están controlando tu vida, y que inconscientemente estás siendo dominado por ellas.

Pero si tú empiezas desde ya a cuestionar esas creencias y todas las que tengas y logres identificar y las cambies haciendo los ejercicios que te dejado. Déjame felicitarme, amado lector, porque hoy empiezas a ver resultados sorprendentes en tu vida.

CÓMO CONTROLAR TUS EMOCIONES

Querido amigo lector, recuerda algo muy importante y es que si quieres obtener resultados diferentes, debes empezar a hacer cosas diferentes.

Te voy a contar algo que me sucedía frecuentemente a mí por no controlar mis emociones y que una vez fui consciente de ello y empecé a tener control de ellas y a manejarlas conscientemente, haciéndome responsable sin culpar a nadie de las situaciones que yo provocaba, a partir de ahí he tenido resultados muy valiosos y positivos en mi vida.

Yo era muy impulsiva y tomaba decisiones apresuradas o bajo emociones, una de las cosas que nunca debes hacer es tomar una decisión cuando estás extremadamente feliz o extremadamente enojado. Todos los excesos son malos y negativos al final.

Yo tenía el impulso siempre cuando me enojaba de hablar demasiado y herir mucho a las personas con mis palabras, no escuchaba, ni me controlaba, no daba tiempo para analizar la situación que en muchas ocasiones no eran tan malas como yo las estaba viendo.

Una vez yo había lastimado a alguien, bien fuera alguno de mis hijos, a mi madre, o un hermano, amigo o pareja, luego llegaba el arrepentimiento y ya no podía hacer nada porque "no es lo que entra por la boca lo que envenena al hombre, sino lo que sale"

Esto me trajo muchos problemas con las relaciones y con mis trabajos, inclusive en la convivencia familiar. Yo siempre vivía culpando a todos los que me rodeaban o las situaciones que vivía, pero no era consciente de que era yo la que estaba generando ese ambiente y esa realidad.

En mi primer libro QUIEN CAMBIÓ MI VIDA, hablo del dominio propio y si no lo has leído te lo recomiendo mucho, porque ahí está más profundizado este tema de control de emociones y dominio propio, ya que Dios nos dio un corazón con dominio propio y eres capaz de tomar el control de tu vida y llevarlo al nivel que tú desees.

Cuando yo hice consciente a mi subconsciente y empecé a controlar mi boca y a guardar silencio cuando me enojaba y no salir corriendo frente a los problemas como solía hacer, y huía de ellos, sino de una manera sabia y consciente empecé a enfrentarlos con cautela y dejando que se enfriara la situación, pues ahí empecé a ver resultados sorprendentes en mi vida e inclusive a ganarme el respeto y la admiración de las demás personas. Porque recuerda que cuando tú cambias, todo cambia.

El dominio de tus emociones no solo garantiza tu éxito laboral, sino cualquier cosa que te propongas en la vida.

"San Pablo decía que nuestras vidas eran cambiadas por la renovación de nuestras mentes"

Te voy a dar una herramienta ponderosa para controlar tus emociones.

Lo primero que quiero decirte es que el éxito laboral tiene mucho que ver con cómo reaccionas frente a las cosas que te pasan, en la manera como te sientes frente a esas situaciones.

Realmente uno es consciente de la emoción cuando no está ahí, y no tenemos la posibilidad a veces de saber cómo nos vamos a sentir en una situación inesperada o recurrente, porque puede ser cualquiera de las dos, pero lo que sí podemos decidir es cómo vamos a actuar frente a esa situación.

La persona que maneja sus emociones es aquella que hace lo que le conviene independientemente de cómo se sienta, si sabe que lo que le conviene es algo que le duele y que no lo quiera hacer igual lo hace. El control de las emociones es como la sabiduría misma porque la sabiduría siempre piensa en las consecuencias, no en la recompensa instantánea, siempre se toma su tiempo para pensar, no por impulso ni la emoción, sino la razón.

Lo cual quiere decir que la persona tiene control de sí misma y no son sus emociones quienes toman las decisiones, sino su razón su control, su aplomo, su experiencia, su sabiduría, su madurez, su inteligencia en fin.

Y esta actividad se desarrolla precisamente haciendo las cosas que sabemos que tenemos que hacer cuando menos queremos hacerlo.

Siempre que aparezca esa emoción o esa pereza, o ese desánimo de querer hacer algo, es la oportunidad de hacerlo para que te demuestres a ti mismo que tú puedes vencer esa emoción que está impidiendo que hagas lo que es correcto y lo que sabes que te conviene.

Cada vez que sientas esta falta de ánimo repítete a ti mismo o a ti misma que tú eres más grande que cualquier cosa que tengas que hacer, que tú eso lo puedes superar y que tienes la capacidad suficiente para poder superar algo que realmente es mucho menor que tú y que definitivamente tú puedes.

Y es un hecho que tus pensamientos y el diálogo interno gobiernan todas tus acciones. Así que tú puedes cambiar el chip, reemplazando el yo tengo que hacer esto por el yo puedo hacer esto.

No es una obligación, es un poder. Entonces cuando menos ganas tengas de ir a hacer ejercicio, o de comer sano, o de irte a dormir temprano, o de estudiar, o de esforzarte por algo es cuando más debes esforzarte por lograrlo porque solo así desarrollarás la habilidad.

Al superar este tipo de obstáculos generados por las emociones, lo vuelves un hábito y al hacerlo un hábito vas a generar una credibilidad y una confianza en ti mismo o en ti misma que te van a hacer convenientes en todas las áreas de tu vida.

Cuando sientas que la emoción te sobrepasa y te sientas que no estás en capacidad de hacer algo que conviene, piensa que no hay nada más gratificante que tu yo de hoy haga algo que agradecerá tu yo del mañana.

Cuando se trata de dominar la reacción frente al comportamiento de alguien más o las acciones que nos molestan de los demás lo primero que tenemos que hacer es descubrir el origen de la emoción y qué es exactamente lo que están sintiendo.

Por ejemplo, si últimamente has notado cómo siempre tienes peleas con tu pareja, y descubres analizando un poco que es porque siempre que le hablas él te ignora, y lo que sientes es ira y ya lo tienes identificado y esa ira puede ser originada porque tú has notado que a otras personas sí les pone atención, entonces tú te sientes menos que esas personas o tú siempre le prestas atención cuando él te habla y te sientes en desventaja dando lo que no recibes.

Entonces cada vez que esta situación se presenta, tu comportamiento es recurrente, reaccionas de manera neurótica, haciendo reclamos y se vuelve como un efecto bola de nieve porque no reclamas solamente por eso, sino por otras cosas del pasado del presente, comportamiento que obviamente se vuelve tóxico para la relación, entonces para empezar a cambiar esto yo te propongo que tus comportamientos tengan calma y silencio, recrees en tu mente toda la situación como habitualmente suele presentarse y lo más fiel a la realidad y una vez haya transcurrido todo como habitualmente suele presentarse, tú te visualices teniendo una reacción completamente diferente.

Si tú lo recreas lo más fiel posible la realidad, vas a sentir la rabia inmediatamente, pero la idea es que tu mente recree un comportamiento y una reacción completamente diferente a la que siempre has tenido.

Recuerda que si quieres tener resultados diferentes, debes hacer cosas diferentes.

«Locura es hacer una cosa una y otra vez esperando obtener diferentes resultados».

ALBERT EINSTEIN

Por eso esta vez tu reacción va a ser aplomada, calmada y ya cada vez que tu pareja te ignore tú te sientes menospreciada, pues la idea es que le des el valor y el lugar a tu tiempo y a tu presencia entonces le puedes decir que tienes algo importante que hacer y te dejo para que hagas tus cosas. A veces no quieres separarte ni un Segundo de esa persona porque te duele la distancia y prefieres quedarte ahí así sea peleando.

Ten en cuenta que dejarte llevar por esta emoción no te ha llevado a la consecución de la solución. Cuando tú le dejas súper claro a la persona con una acción o con un hecho que tú le das un lugar, un valor a tu tiempo y a tu presencia, créeme que le va a quedar muchísimo más claro que si tú solamente empiezas a discutir, porque le dará igual.

En la medida que tú hagas estas visualizaciones un hábito y en estas visualizaciones tú actúes de manera distinta, vas a terminar aplicando este comportamiento a la realidad casi en automático. La mente lo va a tomar como un hábito y simplemente lo va a recrear.

Es como cuando te quedas recreando en tu mente la discusión que tuviste, y con la cabeza más fría se te ocurren mejores argumentos.

La visualización es hacer eso mismo con anticipación antes de que las cosas se presenten. Esta herramienta la puedes aplicar en cualquier situación en la cual sientas que tus emociones te dominan.

Por ejemplo, si tú sientes muchos nervios al hablar con una persona o en público, simplemente te visualices teniendo ese comportamiento que te gustaría tener dicha situación.

Te daré otra herramienta que también es demasiado útil, y es hacer sesiones de Tapping que te ayuda a manejar desde la ansiedad hasta la falta de dominio a la hora de hacer una dieta, o cuando estás triste, o cuando sientes que no te mereces tener éxito financiero en la vida.

Estas secuencias también consisten en repetir frases que se concienticen de la emoción estimulando ciertas partes nerviosas del cuerpo, ayudándonos a reprogramar el cerebro para que funcione de una manera más conveniente para nosotros, para que se convierta en nuestro aliado y nos ayude a pensar y por ende actuar de manera apropiada o asertiva.

La idea es que cuando tú sientas que estás invadido por la emoción y sientas que no la puedes controlar y que es más fuerte que tú, que vayas a una de estas secuencias y hagas la sesión de tapping y vas a ver cómo te quitas un peso de encima y como realmente empiezas a pensar diferente, a sentirte diferente por lo mismo a actuar diferente.

Por favor, pon en práctica todas estas herramientas y te lo digo con todo mi corazón y te doy mi palabra de que son muy eficaces.

¿Te imagines poder tener un control completo de tus emociones?

Si te sintieras enojado poder calmarte, si te sintieras nervioso poder relajarte o si te sintieras deprimido poder alegrarte, esto es posible.

Te voy a enseñar cómo desarrollar tu inteligencia emocional lo que evitará que tus emociones negativas te sigan dañando y en lugar de eso, aprendas a usarlas como herramientas para guiar tu vida.

Las emociones están diseñadas para guiarte por la vida, no para dañarte.

La mente tiene cierta complejidad, pero décadas de investigación han llegado a la conclusión de que la inteligencia emocional se puede desarrollar y esto te dará la capacidad de dominar, controlar, y manejar tus emociones como mejor te parezca.

Cada uno de nosotros tiene dos tipos de mente que habitan en nuestro cerebro, del lado izquierdo tenemos una mente racional y del lado derecho tenemos una mente emocional.

Nuestra Sociedad se ha concentrado en que lo más importante es el intelecto racional, pero estadísticamente se ha concluido que la inteligencia emocional o EQ es más importante para una vida exitosa que el coeficiente intelectual o IQ, por esa razón si queremos éxito en cualquier cosa, es crucialmente importante que nos concentremos en elevar esa inteligencia emocional.

¿Te has preguntado por qué somos tan impulsivos?

Antiguamente cuando la supervivencia física lo era todo, la estructura de nuestro cerebro creció con el modo de actuar antes que pensar. Un modo muy útil en una pelea con otra tribu o cuando te enfrentas con un león hambriento, pero hoy en día seguimos con esas misma estructura cerebral, en donde sufrimos secuestros emocionales. Estos secuestros emocionales, nos llevan a perder el control de nuestra mente racional y nos volvemos esclavos de nuestras emociones. Esto explica que realicemos actos sin sentido como por ejemplo gritarle como loco a un ser querido por un accidente que cometió.

Ya es tiempo que nos eduquemos emocionalmente.

Civiliza tu cerebro y acostúmbrate a pensar antes de actuar.

La inteligencia emocional se desarrolla a través de dos maneras distintas:

La primera, es estar consciente de tus emociones, esto quiere decir que te vuelvas un observador de la misma manera cuando ibas de niño a un zoológico e identificabas a los animales, pues así mismo debes volverte un explorador de tus emociones e identificarlas cuando aparezcan.

Identifica el enojo, la frustración, la alegría, y esto significa que tienes que entrenarte y aprender a conocer, aquietar tus sentimientos y emociones.

La segunda manera para desarrollar tu inteligencia emocional es regulando tus propias emociones, esto significa que al sentir una emoción o un sentimiento tú decides cómo vas a responder en los siguientes segundos.

Tú tienes la capacidad de ordenarle a tu mente emocional que se haga a un lado y que la mente lógica tome el control.

Un ejemplo: imagina que vas manejando y un coche se atraviesa de una manera muy imprudente por delante de ti, tu primera reacción sería explotar contra el conductor y gritarle toda clase de insultos. Tu miedo desencadenó en una serie emociones negativas, enojo, frustración e ira. Pero recuerda lo que estás aprendiendo al leer este libro; haz lo siguiente:

Tienes que reconocer las emociones que estás sintiendo y etiquetarlas, luego date cuenta de que tú tienes la capacidad de tomar control sobre tus emociones. Respira lentamente del 1 al 5 y deja que tu cuerpo estabilice la presión arterial, durante este proceso tu mente racional retomará el centro del comando de tu cuerpo y reaccionarás de manera mucho más lógica y prudente evitando perder el control ante el secuestro emocional. Las dos cualidades, identificar tus propias emociones y regularlas son habilidades que dependen de una Buena comunicación entre tu mente racional y tu mente emocional. Es fundamental que para evitar problemas, fortalezcas la relación entre estas dos partes, entre mejor se comunique tus pensamientos y tus emociones, mejores decisiones podrás tomar.

De manera diaria practica estos principios y muy pronto comenzarás a notar un cambio radical en cómo te relacionas con tus emociones.

Por otra parte, una mayor inteligencia emocional, también equivale a mejores habilidades sociales al reconocer tus propias emociones podrás generar empatía con otras personas. **La empatía** es la capacidad de apreciar e intuir lo que otras personas están sintiendo y pensando, el desarrollo de la inteligencia emocional te convertirá en un detector de sentimientos no solo en ti, sino también en otras personas, lo que te permitirá entenderlas mejor y establecer relaciones mucho más sólidas.

Esto significa una mejor relación con tu familia, con tus clientes y con tu pareja.

Al estar trabajando con tus emociones, notarás que hay otra habilidad muy importante que estarás desarrollando y es la **persistencia** y la **automotivación**. Recuerda que fallar está bien, lo que significa que estas muy cerca de conseguir tus objetivos. Esto básicamente quiere decir que te vuelves un optimista.

En la escuela nos castigaron mucho por fallar y nos acostumbraron a pensar que fallar era muy malo, pero la vida es muy diferente. Fallar es necesario para crecer en cualquier aspecto de tu vida.

Imagina que quieres lograr un objetivo pero por más que lo intentas, fallas y fallas y fallas. Mucha gente se da por vencida y perderá toda motivación por seguir adelante, pero una mayor inteligencia emocional te permite poner a tu mente de modo optimista por lo que generarás pensamientos positivos que se convertirán a su vez en emociones positivas, lo que significa que por más que fallas, tu mente se sentirá motivada de seguir intentado e intentando e intentando hasta lograrlo.

Así que la próxima vez que algo te salga mal, recuerda que los sentimientos negativos que sientes pasarán, y si sigues intentándolo poco a poco acostumbrarás a tu mente a ser más optimista y notarás una transformación en tu actitud.

El siglo XX se obsesionó con el coeficiente intelectual porque la industria era mecánica y rígida, en el siglo XXI lo más importante es tener habilidades sociales, crear relaciones e innovar para el futuro.

Resulta evidente que todo aquel que quiere ser exitoso tiene que desarrollar su inteligencia emocional.

El cerebro es extremadamente flexible y podemos mejorar la relación que tenemos con nuestra mente emocional y usarla a nuestro favor.

No estamos condenados a una vida sumisa a nuestras emociones. Tú puedes cambiar si lo deseas.

Lo más fascinante de la inteligencia emocional es saber que las emociones pueden utilizar a nuestro favor, las podemos utilizar de guías para conocernos mejor, conectarnos con gente y mantenernos motivados durante los momentos más difíciles. Pero sobre todo tenemos que reconocer que la inteligencia emocional nos abre una puerta donde las emociones y los sentimientos dejan de destruirnos y en lugar de eso nos ayudan a convertirnos en mejores humanos.

Si haces todo lo que te he puesto aquí y sigues los pasos al pie de la letra y usas las herramientas que te he dejado, créeme que vas a empezar a ver resultados increíbles a partir de ahora y hasta tú mismo o tú misma empezarás a sentirte más saludable mentalmente.

Déjame decirte, amado lector ,que me siento muy orgullosa de ti porque tu vida está empezando a ser transformada y lo estás logrando porque tienes hambre de conocimiento y si estás leyéndome ahora mismo, significa que estás en la búsqueda y en ser una mejor persona.

Quiero ayudarte y quiero entregarte todo mi conocimiento y todas las herramientas que a mí en lo personal me han ayudado a crecer en todas las áreas de mi vida, y que ahora soy una persona feliz y realizada.

Quiero que tú también lo seas y me permitas poder seguir ayudándote.

Te amo y gracias por continuar leyendo este maravilloso libro.

HOY DECIDO PERDONARME

«Nunca empieces una oración sin antes haber perdonado».

JESÚS

¿Qué pasaría si decides hoy perdonarte?

En el transitar de la vida comprendí que ser feliz muchas veces requiere de un largo viaje y llevamos en nuestras espaldas una carga de errores, mentiras, heridas abiertas que nos hacen sentir decepcionados, culpables, fracasados y ofendidos y son justamente esas emociones las que no nos permiten avanzar y entorpecen nuestro viaje. Se nos olvida que antes que nada somos seres humanos y cometemos errores.

Es una parte fundamental de nuestro aprendizaje y de nuestro crecimiento, de otro modo nuestra vida no tendría sentido.

Yo recuerdo cuando era niña que mi madre nos

llevaba a las iglesias y el sacerdote hablaba mucho de perdonar a los otros como a nosotros mismos, pero siempre veía las mismas caras amargadas y frustradas, llenas de odio y dolor.

Mi madre es una mujer que reza mucho, pero que le ha costado sanar sus heridas y perdonar de corazón, y es que el perdón empieza por uno mismo y no es tanto perdonar a los que nos han ofendido para librarlos de culpas, sino por una evolución en nuestra vida y poder liberar nuestra alma del encierro en el que la tenemos. Porque ella se siente prisionera del dolor y la frustración y se recoge como en un caparazón y no se le permite salir a volar.

Por eso es difícil muchas veces lograr lo que soñamos como por ejemplo una vida en armonía, porque vivimos presos de ese dolor que nos encadena y hace que no nos perdonemos y perdonemos a los demás, nuestra vida no avanzará a otro nivel.

Así que hoy vamos a reconocer que nos hemos equivocado muchas veces pero que no queremos pasar el resto de nuestra vida con pensamientos de reproche y de culpa, en todo caso es mejor aprender la lección que esos errores han traído a nuestra vida.

Debes aprender a ver cada error como un maestro personal que te da la oportunidad de ver una nueva realidad ante tus ojos para aprender a mejorar y crecer.

Así que a partir de hoy te vas decir lo siguiente:

Ojalá en frente de tu espejo.

¡¡¡CARTA DE PERDÓN HACIA MÍ!!!

*M*e perdono por no abrazarme más seguido, por no aceptarme, por no amarme, valorarme y respetarme lo suficiente, por tener miedos de inseguridad, por dar importancia a los demás, por juzgarme, criticarme y compararme con los demás de una manera tan cruel, por haberme sentido miserable, por los pensamientos de odio y de lástima que alguna vez llegué a sentir contra mí, olvidando lo valioso y lo valiosa que soy.

A fin de cuentas solo soy una persona intentando cambiar cada día, ser la mejor versión de sí mism@.

Me perdono si alguna vez dejé que alguna persona me hiciera sentir insuficiente, que no estaba a su altura, simplemente porque su falta de autoestima quiso arrastrarme a su nivel.

Me perdono por pensar primero en los demás antes que en mí, por querer ayudarlos, complementarlos porque a veces yo mismo estaba hecha pedazos.

Porque se me olvidó el principio básico de la vida, (no se puede dar lo mejor si no estás bien tu mism@).

Me perdono si alguna vez dejé de ser quien soy, solo por agradar a los demás y conseguir su amor, me perdono si alguna vez fui egoísta y pretendí que me amaran pensando solo en mí olvidando que el amor es el regalo más hermoso y no se puede exigir.

Me perdono si alguna vez juzgué a alguien más sin conocer su historia, sin saber lo que había detrás.

Me perdono por sentirme decepcion@, por poner expectativas demasiado altas porque así lo necesitaba, por haber guardado algún rencor, por haber callado lo que sentía o lo que pensaba o por haber dicho lo que no debía.

Me perdono por haber dejado que me afectaran ciertos comportamientos de los demás hacia mí, por dejar que me hicieran daño y si fue así es porque yo lo permití.

Comprendí que yo soy mi propio dueño y son mis pensamientos los que moldean mi existencia y está en mí vivir en armonía.

Me perdono por haber dicho sí cuando en realidad quería decir no. Por dejar que el amor y el compromiso me ganaran la Carrera, por hacer lo que sea por no herir a los demás incluso si a ellos no les importa herirme a mí.

Me perdono si he tropezado varias veces con la misma piedra aun cuando he jurado que no volverá a suceder. Por no decir basta, por juntarme con personas que han robado mi paz mental, mi salud emocional y hasta mi autoestima, cuando no merecían ni siquiera mi indiferencia.

Me perdono si alguna vez he tomado el camino equivocado, si dejé de ser feliz y no disfrutar de lo que hacía, de mí y de los demás. Simplemente me instalé en mi zona de confort y olvidé mis sueños y dejé de luchar por mis metas, me perdono si me olvidé de vivir intentando solo sobrevivir, me perdono por ser diferente, un poco rara o raro, por muchas veces no encajar y por insistirme siempre querer encontrar un sentido que vaya más allá de la mecanicidad y la superficialidad de la que muchos se mueven día a día.

Hoy me perdono absolutamente todo porque sé que mi vida ha sido realmente maravillosa a pesar de tantas pérdidas y las heridas que he sufrido, que si en algún momento me llené de dudas e inseguridades y resentimientos, fue porque así me lo permití, que cualquier solución y respuesta posible estaba en mí, yo mismo o yo misma fui juez y me acusé y fui Verdugo de mi propia vida, y de igual manera yo me dicté la sentencia y me impuse los castigos, pero no trato de buscar atenuantes, sino de aceptar que hoy nada de lo que hice puede ser modificado porque en su momento fue lo que sentí e hice lo mejor que podía con el conocimiento que tenía. Quizá si hubiera actuado de otra manera, mi vida habría tomado otro rumbo, pero no lo hice, y no fue un accidente del Universo, porque tanto mis aciertos como mis errores han moldeado todo lo que soy y soy, ni más ni menos el conjunto de todas mis decisiones y estoy orgullos@ de ellas porque aunque pudieron haber sido mejores o peores, si algo hubiese cambiado, no sería yo mism@ y no sería la persona que yo ahora. Y no hay nada tan maravilloso como ser una persona única entre millones de semejantes.

Hoy me perdono porque la persona más importante de mi vida soy yo, porque quiero aligerar mi viaje, libreando mis culpas y mis miedos, sin resentimientos hacia los demás y hacia mi mism@.

Hoy perdono todos mis errores y rompo las cadenas con las que yo mism@ me até, porque me quiero y quiero vivir.

Me perdono, suelto y dejo ir lo que no me hace feliz.

A partir de hoy me creo una nueva vida, más libre, perdonándome a mí msim@ y amándote a plenitud. Amo la vida, me amo a mí msim@ y es tiempo de comenzar un nuevo camino.

Amado lector, cada vez que te sientas agobiado, o lleno de rencor o de frustración, te aconsejo que leas esta carta que es para ti y que la profundices. El perdón y el agradecimiento desatan el poder del Universo, y si tú aprendes a perdonarte a ti mismo, aprenderás a perdonar a tu prójimo.

Gracias, gracias, gracias por seguir leyéndome.

Te amo.

CÓMO VENCER LOS MIEDOS

Al contrario de otras personas, o hasta de mi propia familia, siempre fui una mujer y desde niña puedo decir que me he enfrentado a los miedos.

Recuerdo a mis 10 años que mi madre vivía en un lugar que se llama Vereda en mi país y es una población de muy pocas familias o casas, allí justo detrás de nuestra casa pasaba un río y nos encantaba irnos todas las tardes a nadar con mi hermana Heydi, que es menor dos años.

Heydi era muy miedosa y no se atrevía a caminar unos metros más adentro del agua por miedo a la creciente o a que la profundidad se fuera aumentando. Yo por el contrario me metía más adentro y me gustaba experimentar qué pasaría y qué descubría al enfrentar esos miedos, en ese caso la profundidad del río y muchas veces las crecientes cuando llovía y las Corrientes fuertes.

Pues aún los miedos no entraban tan fácil en mi mente.

Así enfrentando crecientes, fuertes corrientes de agua y muchas veces dejándome llevar sobre neumáticos de caucho, jugaba feliz y en libertad y fue como aprendí a nadar y enfrentar ese miedo.

Al igual lo hacía con las Alturas. Me subía a lo más alto y me atrevía a mirar para abajo y darme cuenta qué pasaba nada más que apreciar todo desde lo alto.

Un día recuerdo otra anécdota en ese mismo lugar donde vivíamos con mi madre, que había muchos caballos en esa zona, yo apenas con 10 años no sabía nada de caballos, pero ni cómo montar ni el peligro que esto representaba si no sabías dominarlo.

Los policías de la región solían transportarse en caballos, así que un día en la tarde le pedí un caballo prestado a uno de ellos, y me vieron tan segura al hacerlo que no vaciló en prestármelo.

Jamás en mi vida había tomado el control de un caballo sola y menos un caballo entrenado para correr a una extrema velocidad. Yo no sé si has oído hablar de cuando los caballos se desbocan, pues eso fue lo que me ocurrió a mí en cuanto me subí.

Empezó a correr a máxima velocidad sin control y si lo intentaba frenar se paraba en dos patas, pero era tanto lo que yo disfrutaba sin medir el peligro y sin saber que estaba en peligro que nunca pudo tumbarme a pesar de los 10 kilómetros que corrió desmesuradamente. No puedo imaginar las caras de la gente que me veía pasar de pánico y de preocupación, ya que no pude ver a nadie.

Al final, cuando me di cuenta de que el caballo no frenaba, le di la vuelta al cabestro para regresar y mi sorpresa fue que el caballo frenaba de lado y que tirarle el freno era de lado y fue así como pudo frenar.

Ahora quiero contarte que en la actualidad, a mis 40 años, les tengo respeto y no me atrevería subirme así sin antes ver primero qué tan tranquilo es el caballo, al igual que ya no me lanzo a las Corrientes de los ríos crecidos o pararme en una terraza de 50 pisos de altura.

Y no es porque ahora sea más responsable, ¡no! es porque todos los niños venimos al mundo sin miedos y libres con una libertad plena de soñar reír jugar y no le tememos al peligro y, en definitiva ya tú sabes que los miedos son producidos por nuestra mente y es lo que permite que se materialicen, y a través de nuestros años de vivencia, nos vamos llenando de miedos y temores haciendo que nos frenen y no nos dejen vivir la vida que deseamos vivir, y robando nuestros sueños y nuestras ilusiones y solo porque escuchamos las voces equivocadas y nos dejamos contaminar de sus miedos, permitiendo que entraran en nuestro ser y se apropiaran de nuestras vidas. Esos son los famosos ladrones de sueños.

Una vez tú permites que tus miedos habiten dentro de ti y no los enfrentes, estos llegarán a controlar tu vida.

Piensa en cuantas cosas hiciste de niño y que ahora no te atreves a hacer, y es precisamente porque nuestro entorno y las voces que oíamos continuamente sembraron en nosotros miedos y esa creencia no te deja ahora tener la libertad de hacer lo que hacías y te dabas cuenta de que no ocurría nada. Y es que podemos comprobar que todo es producto de nuestra mente.

«En la vida no hay nada que temer, solo cosas que comprender».

MARIE CURIE

«En el amor no hay temor, sino que el perfecto amor echa fuera el temor; porque el temor lleva en sí el castigo. De donde el que teme, no ha sido perfeccionado en el amor».

1 DE JUAN 4:18

Los cambios a veces nos asustan y esto ocurre porque pasamos de una situación de equilibrio y control a una totalmente nueva y en la que hay oleaje y es que todo lo desconocido y lo impredecible nos provoca mucho temor, miedo, y nos cuestionamos una y otra vez si nos irá bien. ¿Qué pasará? ¿Tendré éxito?

Ese miedo que nos habla pretende que nos mantengamos en nuestra zona de confort y surge cuando nos disponemos iniciar algo nuevo.

Muchas personas se encuentran estancadas en sus vidas en este momento, ¿y sabes por qué?

Porque se dejan atemorizar por esa sensación de inseguridad.

No existe persona que pueda afirmar que nunca se ha preocupado. Es algo inevitable, pero cuando se hace de forma excesiva, suele ser muy difícil de controlar.

La preocupación es uno de los mayores problemas de la humanidad, muchas veces llegamos a pensar que cuando tenemos un problema y nos invadimos de preocupación más rápido encontraremos la solución. Nada más lejos de la realidad, porque la preocupación solo te hará perder el tiempo y tu energía.

"Hubo una vez en que los habitantes de un pequeño pueblo visitaban a un anciano muy sabio para contarle sus problemas y preocupaciones, pero en todas las visitas siempre se quejaban de lo mismo una y otra vez.

Un día al anciano se le ocurrió contarles un chiste y todos se rieron con mucha fuerza y al otro día les contó el mismo chiste y solo unos cuantos sonrieron, al tercer día cuando de nuevo contó el mismo chiste ya nadie se reía, ni sonreía, solo se quedaron mirándolo fijamente, entonces el anciano sonriendo dijo:

Si no puedes reírte del mismo chiste una y otra vez, entonces por qué siempre lloran por el mismo problema".

Esto es parte de la vida, todos hemos tenido problemas y todos nos hemos preocupado en algún momento de nuestra vida, pero va a depender de ti y de tu actitud y de la manera en que te prepares para enfrentarlo, y de eso dependerá que tus problemas disminuyan.

Enfócate y ten claro que las soluciones dependen solamente de ti.

Preocuparte es necesario, pero solo si esa preocupación te lleva a obtener un buen análisis de la situación para luego actuar porque la acción es lo único que va a producir resultados de lo contrario esas preocupaciones solo se convertirán en pensamientos negativos y en una preocupación innecesaria que te causará mucho sufrimiento.

Solo estás pasando por situaciones que demandan acciones, la preocupación y el miedo son sumamente negativos y dañinos para tu salud y tampoco te aportarán nada para que te soluciones el problema.

Pero ahora bien, vamos a ver la manera de corregir estos pensamientos de miedos y de preocupación. Pero primero vamos desde el origen del problema.

Quiero que recuerdes que gracias a los miedos eres quien eres. Eres una persona maravillosa, una persona triste, una persona que vence obstáculos o una persona frenada. Y uno de los pasos para que cambies tu vida es asumir que has tenido miedos y analizarlos en profundidad.

La diferencia está en cómo ves al miedo, cómo lo abordas y cómo lo enfrentas.

Te hablaré de algunos que sufre la sociedad:

El miedo al amor.

El miedo a no lograr.

El miedo a las consecuencias de lograr.

El miedo al miedo.

El miedo al rechazo de la sociedad.

El miedo al qué dirán.

El miedo a que pase algo.

El miedo a la pobreza.

El miedo a la enfermedad.

El miedo a la vejez.

El miedo de no cumplir mis sueños.

¿Cuántos tipos de miedos existen?

Los vamos a dividir en 3 tipos;

1- **El miedo paralizador**: este es el que les pasa a las personas que quieren emprender, es decir, el que ha sido siempre empleado y ha Ganado siempre un buen sueldo y ya vive en su cotidianidad y ahí no hay miedo, porque está cómodo y en su zona de confort. Pero cuando llega alguien y le propone que renuncie a ese trabajo ya y que emprendan un negocio juntos, pues ahí se empieza a asustar, porque sabe que el salir de ahí correrá una cantidad de riesgos, consecuencias, pérdida de energía, desgaste, estrés excesivo, entonces el miedo se hace gigante. Entonces supongamos que le están proponiendo emprender inclusive en lo que ha sido su sueño. Pero de acuerdo a sus miedos, podemos catalogar el tamaño de sus sueños. Significa que la diferencia entre el miedo y el sueño es mucho más grande, nunca hará nada. Pero todos lo que hemos emprendido es porque hemos tenido miedo de no ser nadie en la vida, de no ser dueños de nuestro tiempo, o de no lograr el dinero que requerimos para nuestros proyectos de vida. Entonces es mejor que uses ese miedo a tu favor y lo hagas tan grande y que pongas de un tamaño mayor y en ese momento lo vas a reemplazar. El miedo paralizador te va a parar a hacer lo que deseas en la vida y el confort te va a tener atrapado, y es ahí que si tú no tienes mucho miedo te quedarás infelizmente trabajando como empleado, y no es justo que por falta de miedos te quedes ahí. Hay casos que conviene acrecentar los miedos para que se puedan animar. Y de eso se trata de convertir tus miedos en tus amigos y lograr tu realización personal y que veas tus miedos desde una óptica diferente.

2- **El miedo distractor**: Es el que te está distrayendo constantemente y no es tan grande ni tan importante, pero te distrae y no te deja hacer nada. Ejemplo que si tú decides emprender con un amigo, pero tú desde adentro y él desde afuera y cuando llega el momento de que tú debes hacerlo, entonces aparece el miedo distractor, no te paraliza emprender, pero sí a dar un salto más avanzado, y esto puede hacer que los que están contigo y se deciden a avanzar es probable que te dejen atrás por tu miedo a lanzarte y avanzar. Este miedo distractor te hace ir y venir, te estás animando, pero no lo estás haciendo. Así que debes tomar la decisión en ese momento y atreverte a subir de escalón.

3- **El miedo movilizador**: Es el miedo que sientes a no ser alguien. La gente por no entender sus miedos llega a no descubrir su vocación real. Y es bien interesante porque a la medida que dejas de tenerle miedo a tus miedos y empiezas a descubrirlos, desvestirlos, hablar con ellos, entenderte con ellos, puedes descubrir para qué llegaste a este mundo y es así que tu miedo se puede volver más grande a no hacer nada en esta vida que en lo que estás haciendo para reconocerlo.

Entonces vas e ahora en adelante a usar el miedo para reaccionar.

Te voy a dar 10 tips ara que empieces a jugar con tus miedos y los hagas tus amigos y saques ventaja de todo esto a tu favor.

El primero, descubre tus miedos, sé muy consciente de qué es el miedo que tienes, cuál es el que tienes en la vida. Porque nunca te detienes a pensar a qué le temes, a qué le tienes miedo de no hacer antes de morirte. Si tú no logras identificarlos, no podrás trabajar de la mano con ellos. Es muy importante sentarse y analizarlos porque a veces se asustan tanto que no pueden descubrirlos, porque son cosas que están muy en el subconsciente y están totalmente bloqueadas, pero tú puedes llegar a descubrirlos.

Segundo, haz una lista de cuáles son tus miedos a corto, mediano y largo plazo. Y debes trabajar mucho en el desarrollo de tu ser y prepararte para tus próximos 3 años y debes asumirlo y aceptarlo y gracias a esos miedos tú puedes ser una persona mejor, y te va a hacer entrenar fuerte y con los mejores. Porque recuerda que el que le tiene miedo al fracaso, nunca va a ser exitoso. Tú mismo debes acrecentar tu miedo para que se vuelva el doble de grande que el otro.

Te pongo un ejemplo:

Si tu miedo es no poderle comprar en 10 años una casa a tus hijos, entonces usa ese miedo y lánzate a emprender y acrecentar ese miedo y aprende a jugar con él, que ese miedo no te frene sino que te impulse a correr el riesgo inclusive a fracasar en lo que emprendas porque quien no fracasa no obtiene el éxito. Así que vas por buen camino. Porque el miedo está disfrazado en una zona de confort. Entonces si aparece el miedo a emprender, piensa en el otro miedo de no lograr tus sueños o tu objetivo de comprar la casa que quieres para tus hijos y acreciéntalo y haz pequeño el otro. De esta manera vas a aprender a vencerlos.

El miedo te puede llevar a un camino maravilloso o a un

camino desastroso. Debes alimentar tu miedo como a un cachorro para que se coma al otro que no te convenga y se puede volver muy desmovilizador en tu vida. Entonces técnicamente vas sintiendo menos miedo.

El tercero, capacítate para reducir y empoderarte a través de tus miedos.

Que esto te obligue a que te entrenes, capacítate profundamente para poder cumplir con ese nuevo monstruo que se llama "no quedarle mal a tus seres que amas" "no dejar de ser congruente con lo que prometes, con lo que dices, con lo que sientes y con lo que haces". Entonces eso te va a llevar a entrenarte más a leer más a desarrollar más el poder de conocimiento que en la época anterior de tu vida cuando el miedo te paralizaba te frenaba.

Cuarto, sé auténtico. El Sistema educativo que nos dieron es ya tan retrasado y debes salirte y jugar en contra es ahí donde está el beneficio, ya sabemos que nos enseñaron que éxito era estudiar, obtener un título, conseguir un buen trabajo, comprar una casa casarnos, tener hijos y comprar un buen carro. Ya conocemos ese Sistema. Y los que juegan en contra de este Sistema son los que están creando el nuevo sistema.

"Primero hay que aprender las reglas para luego romperlas e inventar las tuyas".

Nadie es auténtico por miedo, porque siempre tienen miedo de ser aceptados por los demás y se visten igual que los demás y hablan igual y hacen lo mismo y pierden se autenticidad por miedo.

Pero debes usar eso como un gran miedo a ser igual a todos. Porque muchos piensan que ser iguales a todos nunca se mete en problemas porque el auténtico y original y el que no le tiene miedo a ser como es y ser diferente, se vive metiendo en problemas con todos. Entonces por esos miedos terminan siendo copias. Aléjate de la gente tóxica, huye de los miedosos, la gente criticona porque los que critican es un Sistema de creencia de miedo, alégrate de los que te juzgan porque no eres como ellos, ámalos y haz que ese miedo a perderlos te haga quererlos porque no conocen el verdadero camino y son mediocres y recuerda que ser mediocre son aquellos que medio-creen.

Haz de tu miedo un miedo más grande de que vas a estar a tus 85 años en la cama y nunca te animaste a hacer lo que ibas a hacer. Nunca te animaste a viajar, a experimentar, a hacer lo que otros no harían. La gente se muere sin vivir. Pasamos toda una vida persiguiendo cosas pero nunca estamos trabajando con los miedos. Estamos más preocupados por esas cosas que nos dice el Sistema que tenemos que hacer en vez de construir un miedo que nos ayude y nos favorezca a lograr ser quienes realmente queramos ser.

Quinto, piérdele el miedo al fracaso porque quien no fracasa no tendrá éxito jamás, y haz de ese miedo algo tan grande que te empuje y te impulse emprender eso que tanto has pospuesto por miedo a fracasar.

Sexto, ten un equipo de amigos mentores, coachings y profesionales acompañándote en esta valiente travesía porque la mejor inversión que debes hacer es en tu crecimiento y en tu conocimiento.

Cuántos miedos hemos transformado gracias a nuestros mentores y gracias a los seminarios, libros y todos a lo que nos hemos unido para nuestro crecimiento.

No se trata de desaparecer tus miedos, sino de evolucionar y te voy a decir que las librerías están llenas de libros para desaparecer los miedos y eso es imposible y desgastante porque siempre los vamos a tener pero la gran diferencia es construir miedos movilizadores y constructivos para que los miedos paralizadores se reduzcan y el miedo movilizador se lo coma. Es así de simple como puedes trabajar con tus miedos.

Séptimo, haz lo que sabes hacer sin importar las consecuencias. Todos sabemos hacer cosas maravillosas y de repente llega el miedo, ejemplo el tipo que canta hermoso y le dio miedo salir los fines de semana a cantar por miedo a dejar sola a su familia, y fue mundialmente infeliz por no haber hecho lo que sabía hacer y lo más triste en un hogar es que los hijos vean a un padre frustrado porque nadie es feliz en la familia.

Así que haz lo que sabes hacer, porque cuando realmente te animes a hacer lo que sabes hacer porque es increíble, pero por todo lo que he estudiado me he dado cuenta de que la gente lo que sabe hacer es lo que menos hace porque tienen miedo. Por ejemplo, yo me pude haber muerto sin hacer lo que hago hoy que es escribir, y amo lo que hago y lo pude haber hecho toda mi vida, pero empecé a mis 40 años y no lo había hecho antes por miedo a hacerlo mal, y era lo que más amaba hacer. Y ahora ya lo hago y el miedo a pensar que iba a morir sin dejar un legado, sin llevarle y compartirle al mundo lo que yo sé, y ayudarles a transformar sus vidas como yo lo hice con la mía, ese miedo fue un miedo movilizador que me llevó a acabar con el miedo paralizador y a empezar a hacer lo que realmente amo.

Octavo, si no eres valiente entonces hazlo junto a muchos, pero déjame contarte algo, un ejemplo que me pasó a mí a diferencia de muchos.

La mayoría de la gente que se va a otro país a vivir, busca vivir en comunidades de su misma nacionalidad o se juntan con gente de su misma nacionalidad porque sienten en el fondo miedo. A diferencia de mí, yo en 4 países que he vivido nunca, pero nunca, he convivido con gente de mi país o de mi nacionalidad, que bueno en realidad es lo mismo, porque mi miedo era no terminar siendo nadie al país donde me había ido a vivir. Era el miedo de no poder lograr tener éxito donde vivía.

Y ahora soy quien soy gracias a mis miedos. Miedo a quedarme estancada donde estaba y moverme a otros países para seguir rodeada de la misma cultura y de las mismas creencias. Pero usé esos miedos a mi favor y ahora te estoy demostrando los resultados.

Entonces si no eres valiente para emprender sigue juntándote de los muchos que te rodean. Que de eso hay miles. Porque todos siguen en el mismo sueño y todos trabajan en equipo y así todos se sienten fuertes y valientes. Pues en los negocios pasa lo mismo, si tú no te sientes capaz de salir y poner tu negocio solo, júntate con dos, júntate con tres que la vida es más fácil acompañado que solo. Pero esto es solo si no eres lo suficientemente valiente para hacerlo de manera individual. La idea o lo que te quiero decir con esto es que lo hagas como sea pero que emprendas y que arranques sea como sea que lo hagas.

Debes arriesgarte, que yo un día me arriesgué y pasé de ser una soñadora y a ser una emprendedora real, porque los sueños y los Milagros nunca se materializan si tú no haces tu parte. Así que debes correr el riesgo por aquello que amas y que deseas ser o hacer porque la gente que no se anima y los que se quedan en los miedos nunca avanzan. Y quiero que me creas que nunca he visto otras épocas con más posibilidades de éxito y de hacer más dinero que en estas épocas, y es que siempre les digo a todos que tú no tienes la culpa de cómo naciste, pero sí de cómo te morirás. Así que anímate a hacerlo ahora y usa tus miedos a tu favor.

De verdad, amado lector, estamos en la mejor época para hacer cosas increíbles, las oportunidades 9 o 10 años atrás eran mínimas, hoy las oportunidades son gigantes, pero son oportunidades totalmente distintas a la que estás acostumbrado a ver, y por eso no las ves, porque son distintas.

Décimo, No permitas pasar ni un solo día sin ejercitar las anteriores 9 técnicas, y esa es la vida porque al final del día esto puede ser teoría en la medida que no hagas nada, pero esa puede ser tu realidad del mañana.

Así que empieza a disfrutar tus miedos, no importa la edad que tengas, y créeme lo que te digo porque te lo está siendo una mujer que a sus 39 años estaba estancada por miedo, y le daba pánico dar el paso para hacer lo que realmente amaba, y tomó la decisión después de sentir el verdadero miedo que era morir sin lograrlo y no ser nadie en esta vida.

Hoy tú estás leyendo y sosteniendo mi libro en tus manos por una decisión que un día llena de miedo tomé.

No puedes seguir más en tu zona de confort y debes ya dar ese salto y, cuando tu miedo es realmente no llegar y no hacer algo por este mundo, entonces por sistema tú estás bien y tu familia está bien y estás aportando un granito de arena maravilloso al mundo.

Te felicito por seguir creciendo e investigando cómo ser mejor cada día.

EGO VS ESENCIA

En este capítulo vamos a ver cuál es la diferencia del ego y la esencia de tu ser.

Qué interesante, ¿verdad? Cuando aprendas la diferencia de ego y esencia, te vas a sentir mucho más liberado y vas a empezar a trabajar más en tus conductas y en tus sentimientos, te volverás más empático y más consciente del trato a los demás, así que por ende esto te ayudará por vibración a atraer mejores personas a tu vida, mejores relaciones y mejores trabajos. Te vas a sentir mejor con tu conciencia y mucho mejor tu estado de salud.

Es muy bonito controlar emociones, aprender a eliminar pensamientos destructivos y lo mejor aprender a dominar tu ego. Porque somos seres humanos y todos lo tenemos, y ese ego es el que nos lleva a perder relaciones hermosas, trabajos excelentes, y a enfermarnos inclusive de odios innecesarios.

Así que vamos a especificar cada uno y luego a ver la diferencia.

EGO

El ego es un conjunto de máscaras que creamos desde que nacimos para sobrevivir de la mejor manera posible en el entorno que nos tocó vivir.

Es como una especie de mecanismo de defensa. A medida que crecimos y basándonos principalmente en lo que recibíamos del exterior, en lo que los demás dijeran o pensaran en nosotros, nuestro ego fue formándose, ayudándonos en cierta forma a crear una identidad de nosotros mismos.

Una identidad que después de acompañarnos durante muchos años, nos lo hemos creído y es la causa de muchos de nuestros conflictos personales.

El ego es esa parte de nosotros que necesita aprobación, que necesita que le quieran, que se pone furioso ante las críticas, que necesita tener razón y que busca en el exterior todas las soluciones a sus males.

Muchos de nosotros nos hemos creído por completo esa identidad creada durante años, nos hemos creído que somos esa máscara o ese personaje que hemos ido creando a través del ego, pero tenemos que darnos cuenta de que esa identidad no es siempre real. Es una identidad que creamos para identificarnos dentro del entorno que vivimos.

Como te lo puse antes, el ego se nutre en su mayoría de lo que ocurre fuera de nosotros, constantemente está mirando hacia el exterior, básicamente cuando estamos sumidos en nuestro propio ego, nos centramos en el mundo exterior y reaccionamos contra él y creemos que el mundo exterior es el causante de todos nuestros males.

Pero eso no es real y en muchos casos es eso, dejarnos llevar por nuestro ego y creer que el exterior es la causa de nuestro dolor.

Te en cuenta que lo de afuera no es más que una ilusión, el teatro que el ego ha creado para protegerte a ti y él mismo.

Tu felicidad, tu tranquilidad, tu serenidad no se encuentran en el exterior. Se encuentran en tu interior, has de conectar con tu ser más puro, con tu ser real para encontrar esa serenidad y tranquilidad. De hecho, nuestro ego inicialmente se desarrolló para proteger ese ser real, libre de máscaras y personajes.

¿Y quién es ese ser libre de máscaras y de personajes que hay dentro de ti?

Pues es tu "**esencia**", tu ser real, tu verdadero tú. Ese ser TÚ real al que probablemente llevas años sin escuchar.

En nuestra infancia cuando dependíamos de nuestro exterior para sobrevivir, nuestro **ser real** no fue reconocido por nuestros seres queridos y fue a partir de ahí que nuestro ego empezó a desarrollarse para proteger a ese ser que no reconocían.

Fuimos creciendo y nos hicimos adultos, y ese ego que empezó a formarse para proteger a nuestro ser más puro, fue tomando las riendas de nuestra vida y llegó un momento que nos creímos por completo que nosotros éramos esa identidad creada por nuestro ego. Lo que empezó siendo un instrumento de protección para nosotros, se fue convirtiendo con el paso de los años en uno de nuestros mayores enemigos, porque sin ser conscientes de ello, muchos de nosotros le hemos cedido todo el poder en nuestra vida a nuestro ego. Y esa entrega de poder es el causante de la desconexión con nuestra **esencia** con nuestro ser real, es el causante de que muchas veces sintamos ese vacío dentro de nosotros, esa sensación de que nadie nos conoce, esa sensación de estar viviendo una vida que realmente no es la que deseas vivir, de que estás siendo otra persona distinta a la que en realidad eres.

Desapégate de esas máscaras que creó tu ego. Tú eres muchas más que esas máscaras, conecta de nuevo con tu ser real y con tu verdadera esencia, escucha qué tienes que decirte, qué necesita tu ser, qué necesitas tú realmente.

Cuando conectas desde tu esencia en la respuesta a aquello que necesitas, no hallarás nada exterior. Básicamente encontrarás qué necesitas de ti y lo que necesitas es reconocerte, valoración, aprobación, perdón.

Necesitas reconocer ese ser que ha estado tapado durante años y años.

Tu felicidad, tu serenidad, tu tranquilidad y tu equilibrio se encuentran ahí. Se encuentran dentro de ti.

No lo hallarás en el exterior, sal del piloto automático en el que muchas veces vivimos y empieza a reconocer que parte de ti es ego y qué parte de ti es esencia.

Para un momento todo y conecta contigo.

En el EGO, se encuentran: EL MIEDO, EL VICTIMISMO, LA CULPA, LAS ACUSACIONES, LA REACTIVIDAD, LA BÚSQUEDA DE APROBACIÓN, EL VIVIR EN AUTOMÁTICO Y BUSCAR LO QUE NECESITAS EN EL EXTERIOR.

ENTU ESENCIA, se encuentran: EL AMOR, EL PERDÓN, LA COMPRENSIÓN, EL HACERTE RESPONSABLE DE TU VIDA, LA CONEXIÓN CONTIGO MISM@, TU SABIDURÍA, EL TOMAR CONCIENCIA DE LA VIDA, TU LIBERTAD.

Deja de darle el poder de tu vida al ego, a esa máscara creada, tú eres mucho más, deja de buscar fuera y busca en tu interior, reconecta con tu esencia. Cuando lo hagas, tu vida se transformará.

Recuerda que todo empieza en ti.

Está más profundizado este tema en mi Segundo libro LA BELLEZA DE TU SER INTERIOR. Si aún no lo tienes o no lo has leído te recomiendo que lo leas para que puedas encontrar más acerca de tu ser y la belleza que tienes dentro, porque eres un ser maravilloso, único e irrepetible en este planeta.

Gracias, gracias, gracias por existir y por estar haciendo parte de mi vida, porque como te he dicho, TODOS SOMOS UNO y tu esencia conecta con la mía.

Te amo.

TÚ TIENES UN PROPÓSITO EN TU VIDA, DESCÚBRELO.

No obstante después de que mi vida fuera tan infeliz porque viví camuflándola con lujos y cosas materiales para mantener una apariencia social y ser aceptada y ganar reconocimiento, llegó un momento donde me di cuenta de que esa no era mi vida real y que no era yo la que realmente quería ser.

Había hecho de todo para encontrar mi "felicidad" porque yo pensaba que ser feliz era tener una vida llena de lujos y una pareja que me complaciera, y ya con eso iba a ser feliz. Pero ignoraba y desconocía la verdadera esencia de mi ser y de quién era yo realmente.

Sufrí todo tipo de humillación y maltrato físico, psicológico y moral con tal de sostener esa vida de apariencia ante la sociedad. Pero cada vez que llegaba la noche e iba a mi cama, mi conciencia no me dejaba en paz. Había algo mal en mi vida que no me dejaba ser feliz.

Había un vacío interno que cada vez se acrecentaba más, había mentira en mi vida y existía un ego enorme que estaba manejando mi vida que era el que no me permitía conectar con la verdadera belleza de mi ser interior.

Y es que recuerda que te dije en mi Segundo libro donde te explico todo lo que sucede con el ser humano cuando está previo a un despertar de conciencia, y es que empieza a atravesar por mucho dolor en la vida y más sufrimiento como si fuera una oleada de solo conflictos, problemas y dolor y es que se acerca a ese despertar.

Y es que no vinimos al mundo a sufrir ni a vivir en moldes ajenos o a brillar en estrellas ajenas, en este caso o en mi caso, yo vivía aparentando ser feliz sin serlo y viviendo con la abundancia de otro no de mis talentos ni de mi pasión o de lo que yo vine a hacer en esta tierra.

Empezó mi búsqueda en mi ser interior a averiguar quién era yo realmente y a qué había venido a este mundo, porque una voz interior me decía que yo tenía un propósito, una función y una misión que cumplir en este planeta llamado Tierra.

Así que empecé a estudiar y a leer y a investigar y a conectar más con mi verdadero YO, y a descubrir todas esas preguntas que me estaba haciendo.

Recuerdo que después de la última humillación que me hizo un hombre por dinero fue algo que dije... basta ya y esto se acabó en mi vida. Voy a ser quien realmente soy y haré lo que realmente amo hacer, y no tendré miedo de enfrentar todos los obstáculos, y todo lo que venga de ahora en adelante con tal de saber quién soy, a qué vine al mundo y a llegar a conectar con mi verdadero propósito y misión en esta vida.

Me empecé a dar cuenta de que lo que más amo hacer en la vida es ayudar a la humanidad, ayudar a que sean felices y que la gente pueda conectar con la verdadera belleza de su ser interior y descubra que es un ser maravilloso que vino al mundo a brillar, a expandirse y a triunfar dentro de su misma y única Estrella sin ser copia de nadie ni vivir bajo el amparo de nadie y no ser una apariencia, sino ser auténtico y real.

Empecé a prepararme con mi mentor Lain García Calvo y aprender mucho de Él, a leer todos sus libros y asistir a sus eventos de transformación y desarrollo personal, me tuve que alejar un tiempo del entorno en el que estaba para poder crear un nuevo Sistema de creencia y romper con esos moldes y paradigmas viejos que traía para poder transcender y evolucionar.

Finalmente conecté con mi propósito en mi vida y aprendí que el verdadero propósito es dar, cuanto más das más recibes. Y poner tu don y tu talento al servicio de la humanidad.

Empecé a escribir mis libros para poder compartir con el mundo cómo fue mi transformación y cómo salí de un mundo de mentiras, de apariencias y de autosabotaje de mi mente, haciéndome creer que la vida era diferente y como fue mi despertar de conciencia. También tuve que estudiar mucho la mente del ser humano, por qué atraemos el mismo tipo de relaciones continuamente a nuestras vidas, por qué repetimos patrones y qué significa cada persona que llega a nuestra vida, qué enseñanzas y aprendizajes nos dejan y cómo identificar todo este tipo de señales.

Estudié mucho, hice dos mentorías con mi mentor Lain, me leí más de 14 libros en un año y empecé el camino a mi crecimiento espiritual y a prepararme para poder compartirlo contigo, y poder ayudarte a ti también a transformar tu vida y llevarla a un siguiente nivel, y que seas feliz haciendo lo que amas hacer; dicho de otra manera, vivir de tu pasión y hacer de ello tu profesión haciendo lo que amas y ayudando a los demás.

Ahora bien. Vamos a ver cómo puedes tú descubrir a qué viniste al mundo y para qué.

Quiero que sepas que yo quiero ayudarte y que quiero que tú encuentres tu verdadera esencia y te realices y te expandas y llegues a vivir de lo que realmente amas y lo que soñaste ser. No importa cuántos años perdiste, lo importante es no perder ni un Segundo más en tu vida y como te he dicho siempre, no es casualidad que tú tengas este libro en tus manos, todo sucede por una causa y un efecto. Entonces no es casualidad sino causalidad y es momento de que tú sepas a qué has venido.

Todo el mundo tiene un propósito en la vida, un don único o talento especial para ofrecer a los demás, y cuando combinamos ese talento único con el servicio a los demás, experimentamos lo más hermoso en nuestra vida y el gozo de nuestro propio Espíritu que es la meta última de todas las metas.

¿Cómo puedo ayudar? ¿Cómo puedo ayudar a todas las personas con quienes tengo contacto?

Cuando combinamos la capacidad de expresar nuestro talento único con el servicio a la humanidad, usamos plenamente la ley del "DHARMA" y cuando unimos esto al conocimiento de nuestra propia Espiritualidad, el campo de la potencialidad pura, es imposible que no tengamos acceso a la abundancia ilimitada, porque esa es la verdadera manera de lograr la abundancia. Y no se trata de una abundancia transitoria, esta es permanente en virtud de nuestro talento único, de nuestra manera de expresarlo, y de nuestro servicio y dedicación a los demás seres humanos que descubrimos preguntando ¿cómo puedo ayudar?, en lugar de ¿qué gano yo con esto?

La pregunta qué gano yo con esto es el diálogo interno del "ego" y la pregunta cómo puedo ayudar es el diálogo interno del Espíritu.

El Espíritu es ese campo de la conciencia donde experimentamos nuestra universalidad, con solo cambiar el diálogo interno, y no preguntar: "¿qué gano yo con eso?" Sino... "¿cómo puedo ayudar?" automáticamente vamos más allá del ego para entrar en el campo del Espíritu y aunque la meditación es la manera más fácil de entrar en el campo del espíritu que es el campo de la conciencia.

Es necesario que te comprometas a hacer varias cosas.

1- Por medio de la práctica espiritual, busca tu YO superior, el cual está más allá de nuestro ego.

2- Descubre tu talento único y después de descubrirlo, disfruta de la vida porque el proceso del gozo tiene lugar cuando entramos en la conciencia atemporal; en ese momento estaremos en un estado de dicha absoluta.

3- Te preguntarás cuál es la mejor manera en que puedes servir a la humanidad. Te respondes esa pregunta y luego pones la respuesta en práctica. Utilizarás tu talento único para atender las necesidades de los seres humanos. Combinarás esas necesidades con tu deseo de ayudar y servir a los demás. Haz una lista de tus respuestas a esas dos preguntas:

¿Qué harías si no tuvieras que preocuparte por el dinero y si a la vez dispusieras de todo el tiempo y el dinero del mundo?

Si de todas maneras quieres seguir haciendo lo que haces ahora, es porque estás en "Dharma" porque sientes pasión por lo que haces, porque estás expresando tus talentos únicos.

La segunda pregunta es:

¿Cuál es la mejor manera en que puedes servirle a la humanidad?

Responde esa pregunta y pon la respuesta en práctica. Descubre tu divinidad, encuentra tu talento único y sirve a la humanidad con él.

De esa manera podrás generar toda la riqueza que deseas. Cuando tus expresiones creativas concuerden con las necesidades del prójimo, la riqueza pasará espontáneamente de lo inmanifiesto a lo manifiesto, del Reino del Espíritu al mundo de la forma.

Comenzarás a experimentar la vida como una expresión milagrosa de la divinidad, no ocasionalmente sino a toda hora, y conocerás la alegría verdadera y el significado real del éxito.

Así que haz una lista de tus talentos de tus talentos únicos y después haz una lista de las cosas que te encante hacer cuando estás expresando tus talentos únicos. Cuando expreses tus talentos únicos y los utilices al servicio de la humanidad, vas a perder la noción del tiempo y producirás abundancia tanto en tu vida como en la vida de los demás.

4- Todos los días te preguntarás cómo puedes servir y cómo puedes ayudar. Las respuestas a esas preguntas te permitirán servir con amor a los demás seres humanos y ahí habrás conectado con tu propósito de vida.

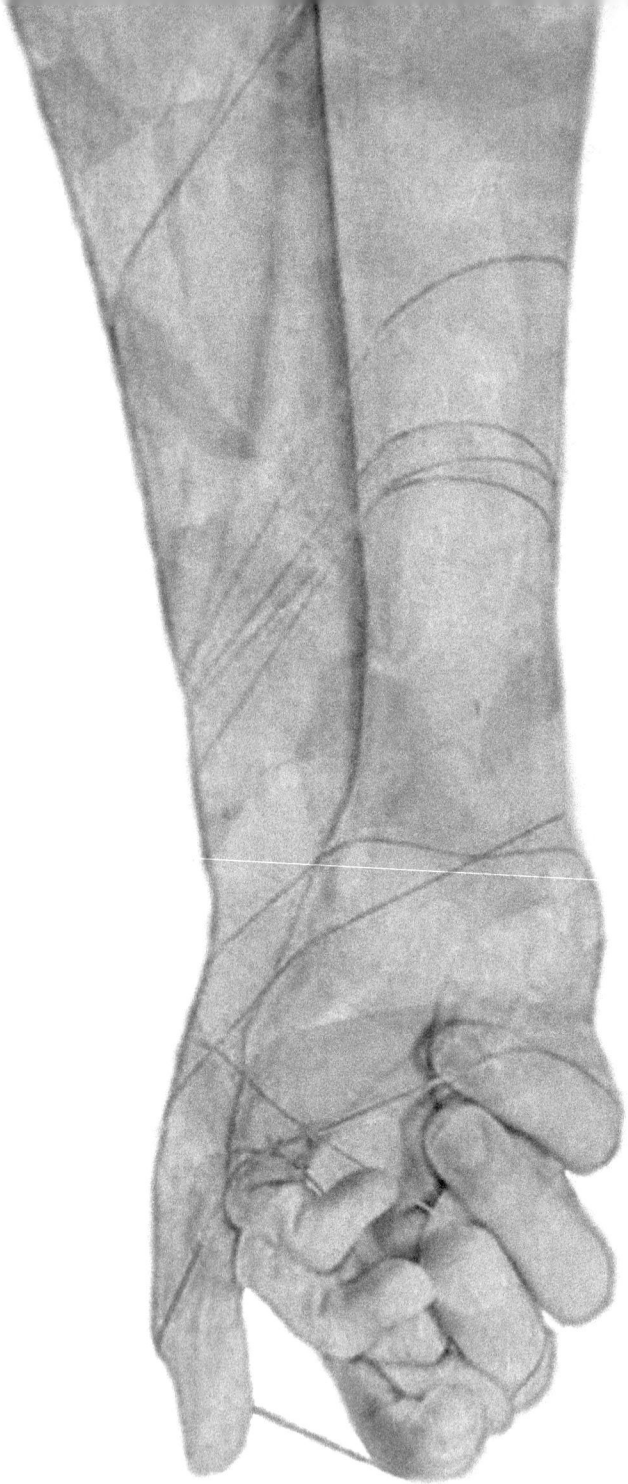

Querido lector:

Quiero agradecerte profundamente, porque si has llegado hasta esta página significa que has leído toda mi trilogía y me estás ayudando a cumplir con mi propósito de vida, que es ayudarte a evolucionar y a expandirte y a dejar mi nombre grabado en tu corazón y el Corazón de millones de seres humanos que de la misma forma tú también lleves todo este aprendizaje al mundo y podamos dejar un legado de amor y hacer un mundo mejor.

Quiero pedirte que si te ha gustado mi libro te hagas una foto con él y lo subas a mis redes sociales como testimonio y pongas:

CUANDO TE CONOCÍ ME CONOCÍ, y me ayudes a llegarles a miles y millones de personas en el mundo, y al hacerlo tú no solo estás llenando tu vida de bendiciones, sino que me estás ayudando a cumplir con mi propósito de vida que dejar mi legado de amor en todo el mundo y de transformación.

Millones de gracias y espero que haya podido ayudarte en toda esta evolución y transformación en tu vida, y recuerda: no importa cuánto tiempo perdiste, tu momento es ahora y lo importante es no perder más tiempo y ¡¡¡empezar ya!!!

Gracias, gracias, gracias.

Te amo.

Quiero dedicar esta última página a mi mentor Lain García Calvo que fue quien cambió mi vida, y en honor a Él le puse así el nombre a mi primer libro.

Cuando clamé a Dios desespera por un cambio en mi vida, que me dijera quién era yo realmente y a qué había venido a este mundo, porque ya no podía vivir más sin saber quién era yo y a qué había venido al mundo, llegó a mi vida de forma milagrosa el libro "LA VOZ DE TU ALMA" de LAIN GARCÍA CALVO, y fue la respuesta de Dios después de la oración que hice.

Unas horas después de haber orado y llorado tanto y suplicado al universo una respuesta, entré a mis redes sociales y encontré este precioso libro. Ese título me decía que había algo para mí y no descansé hasta tenerlo en mis manos y leerlo, y es que es un libro que bendice la vida de quien lo lee y la mía no solo me bendijo, sino que me transformó por completo conectando con mi propósito de vida, con mi propia esencia y ahora haciendo lo que más amo que es servirle a la humanidad y vivir de mi pasión habiéndola hecho mi profesión, utilizando todos los principios que conocí en el libro de la "VOZ DE TU ALMA" y si aún no lo tienes, el mejor consejo que te puedo dar es que lo compres y lo leas y empezarás a vivir una vida diferente llena de amor y plenitud.

Yo también estuve perdida buscando respuestas y no las hallaba, estuve en el camino equivocado, estuve viviendo la vida que no deseaba vivir, hasta que conocí LA VOZ DE TU ALMA y empecé a ser mentoreada por el autor de este libro y estudié todos los principios y los puse en práctica y ahora estos son mis resultados.

Y este es mi testimonio de cómo fue transformada mi vida y ahora soy inmensamente feliz, tengo la vida que soñaba y vivo en plena libertad en todas las áreas de mi vida, en el amor en la salud y el dinero.

Millones de gracias a mi mentor Lain García Calvo que fue el ángel que Dios me envió como respuesta a mi oración y fue él, sus libros, sus eventos y sus mentorías lo que cambiaron mi vida.

Gracias, gracias, gracias. Y Millones de bendiciones Lain por todo lo que estás haciendo por la humanidad.

SOL

Trilogía LIBÉRATE

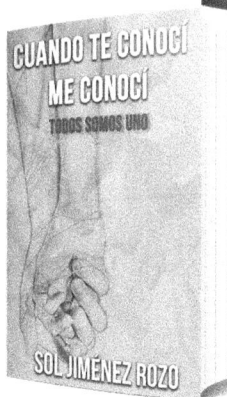

QUIEN CAMBIÓ MI VIDA

PRÓLOGO DE LAIN AUTOR DEL BEST SELLER
«LA VOZ DE TU ALMA»

MI TRANSFORMACIÓN
SOL JIMÉNEZ ROZO

LA BELLEZA DE TU SER INTERIOR

CONÓCETE

SOL JIMÉNEZ ROZO

CUANDO TE CONOCÍ ME CONOCÍ

TODOS SOMOS UNO

SOL JIMÉNEZ ROZO

solcoachinginternacional@gmail.com

@soljimenezcoaching

Sol Jiménez Coach y Conferencista

@soljimenezcoach

¿Puedo pedirte un favor?

Si te ha gustado el libro, ¿podrías sacarte una fotografía y compartirla en tus redes sociales y mencionarme?

El propósito de la trilogía Libérate es ayudar a personas en su proceso de transformación hacia una vida más plena y de mejor calidad.

Si deseas ir más allá con tu apoyo a la trilogía, solo tienes que entrar en Amazon, buscar este libro y dejar tu opinión junto al número de estrellas que creas oportuno. Este sencillo gesto me será de gran ayuda.

Gracias, gracias, gracias